遊廓へ——

女子ひとりで街歩き

花房ゆい

柏書房

遊廓へ

――女子ひとりで街歩き

はじめに

遊廓に興味を持ったきっかけは、忘れもしません。大阪、飛田新地にある料理店「鯛よし百番」の写真をSNSで偶然見かけ、こんな建物が実在するなんて！　と強い衝撃を受けたのです。豪華絢爛で、まるでアミューズメントパークのような空間。大正期に建てられたというこの「本物の遊廓建築」に、すっかり心を奪われました。

さっそく大阪へと飛びました。飛田という街のことを調べれば調べるほど、ひとりで歩くのはこわくて、現地に住む友人に来てもらうことにしました。夕方に待ち合わせて百番で食事をし、そのあと、日の暮れた飛田新地を一緒に歩きました。もちろん、百番の建物は素晴らしく、写真を撮らせてもらっているうちに一晩明けてしまうのではないかと思うくらい、見どころがたっぷりでした。しかし、それ以上に印象に残ったのは、飛田という街そのものの風景でした。営業時間まっただ中だったため、女のわたしが堂々と顔をあげて歩くことはままなりませんでした。場違いなのは重々承知で、始終伏し目がちに歩きました。古風だけれど、普通の民家とは少し様子の違った家々。お客を待つきれいな女性たち。紅い灯りがともった妖しい街の空気に包まれて、一体いつの時代にいるのかわからなくなるような、タイムスリップしたような不思議な気分。その感覚は、なんとも言えない高揚感となって、しばらくわたしのなかに残りました。

この夜を機に、いろんな遊廓跡を歩いてみたいという思いが強くなります。もともと旅好きでよく出かけていましたが、この頃から旅の目的が、遊廓や赤線跡を訪ねることに変わっていきました。二〇一一年春のことでした。

遊廓めぐりを始めてまだ間もない頃、母にこんなことを言われました。

「ゆいちゃんみたいに若くて自由な女の子が遊廓跡なんか歩いて、うらやましがった遊女の霊に取り憑かれたりしないかな、心配。」

幸か不幸かわたしには霊感がまったくないので、仮に取り憑かれたとしても気づかないかもしれません。そんな心持ちなのであまり自分自身では心配していませんが、遊廓跡を歩くときには、そこにいた女性たちへ寄り添うような気持ちでいつもいたいと思っています。独特な建物への興味からはじまった遊廓めぐりですが、続けるうちに、そこでさまざまな時代を過ごした女性たちへの関心も募りました。悲惨なことが多く語られるのも事実ですが、自分がその土地に足を運んでみることで、同じ女性として、彼女たちが幸せだったかもしれない瞬間を少しでも想像できたら。そんなことも考えながら、遊廓跡を歩いています。


遊廓の面影は、日に日に消えていっています。数か月前に誰かが訪れたときにあったはずの建物が、わたしが行ってみるとすでに更地になっていたということが一度ならずありました。過去に訪れた地で大興奮した思い出の建物が、いつの間にか取り壊されていたと知って、ひどくがっかりしたこともありました。

女ひとりで遊廓跡ばかり訪ねているなんて、まわりからどう見られるだろう？　そんな心配をしてみたり、遊廓本をたくさん並べた部屋に親を呼んだときは、恥ずかしいような後ろめたいような気持ちになったりもしたものでした。しかし、そんなことを言って足踏みしている時間はないことに気づいたのです。いま、かろうじて残っているものを、できるだけ見逃さず自分の目に焼きつけておきたい。まだ遊廓の面影を残す街の空気を、自分の肌で感じたい。そんな強い気持ちに突き動かされ、わずかな時間が残された遊廓めぐりを今日も続けています。

遊廓へ ―― 女子ひとりで街歩き 目次

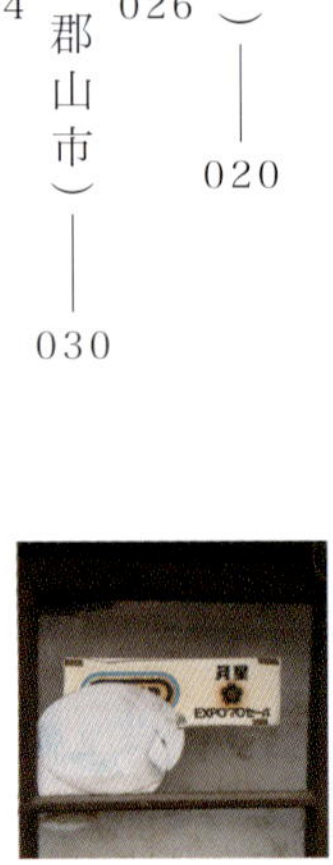

【昔からずっと夜の街】編

【遊廓跡に泊まる】編

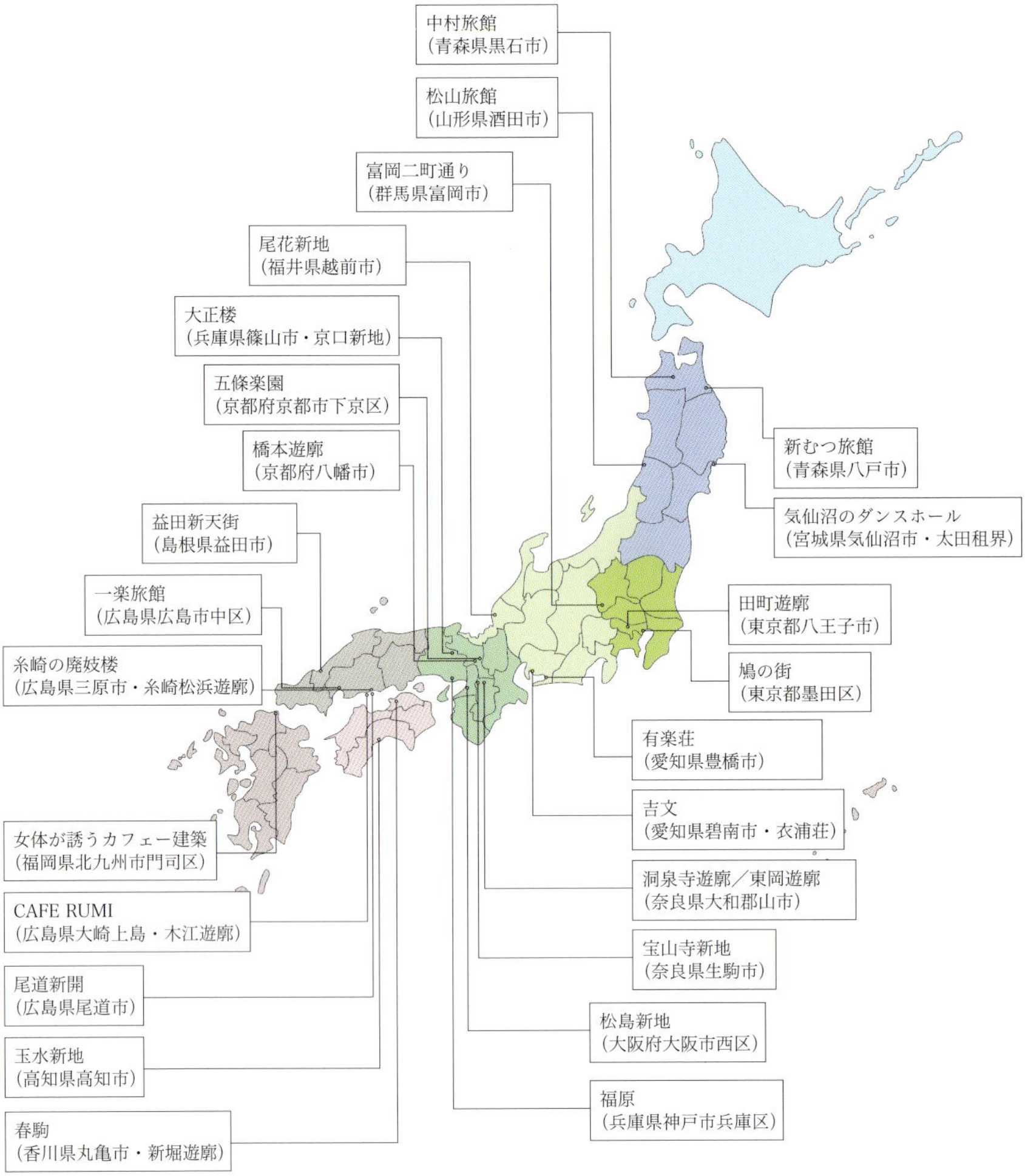
中村旅館
（青森県黒石市）
松山旅館
（山形県酒田市）
富岡二町通り
（群馬県富岡市）
尾花新地
（福井県越前市）
大正楼
（兵庫県篠山市・京口新地）
五條楽園
（京都府京都市下京区）
橋本遊廓
（京都府八幡市）
益田新天街
（島根県益田市）
一楽旅館
（広島県広島市中区）
糸崎の廃妓楼
（広島県三原市・糸崎松浜遊廓）
女体が誘うカフェー建築
（福岡県北九州市門司区）
CAFE RUMI
（広島県大崎上島・木江遊廓）
尾道新開
（広島県尾道市）
玉水新地
（高知県高知市）
春駒
（香川県丸亀市・新堀遊廓）
新むつ旅館
（青森県八戸市）
気仙沼のダンスホール
（宮城県気仙沼市・太田租界）
田町遊廓
（東京都八王子市）
鳩の街
（東京都墨田区）
有楽荘
（愛知県豊橋市）
吉文
（愛知県碧南市・衣浦荘）
洞泉寺遊廓／東岡遊廓
（奈良県大和郡山市）
宝山寺新地
（奈良県生駒市）
松島新地
（大阪府大阪市西区）
福原
（兵庫県神戸市兵庫区）

本書で訪ねた遊廓跡

「まるで映画のセット」編

contents

恋多き女たちの嬌声を聞く

「鳩の街」（東京都墨田区）

これまで、いろんな遊廓跡を見て歩いてきた。けれど、のんびりローカル列車に揺られる時間や鄙《ひな》びた旅館に泊まることが楽しくて、つい地方の街ばかりに足を延ばしがちになっている。東京の遊廓跡もそろそろ訪ねてみようと、腰を上げた。

東京で遊廓といえば、吉原が真っ先に浮かぶ。でも、あちらはなんと言っても現役の

△腰をひねったように辻を向いた二階の窓から、手招きする女性が目に浮かぶ。

ソープ街。女ひとりで歩く度胸が、わたしにはあるだろうか。はじめて飛田新地を歩いたとき、遣り手のおばちゃんたちの、場違いの人間に対する突き刺さるような視線に身が縮むような思いがした。男性ならば、お客さんを装って自然に歩けるのかもしれない。でもわたしは、お客でもなければ従業員でもない。現役の色里を歩くときにはいつも、自分がその街に足を踏み入れることに対して後ろめたさを拭えないでいる。

　吉原でないとしたら、どこに行こう。次に浮かんだのは、永井荷風の『濹東綺譚』や滝田ゆうの描く町並みでお馴染みの玉の井だった。「ぬけられます」の看板が下がる、ドブ川流れる迷宮のような色里。

▽外壁のタイルはもちろんのこと、窓の庇も凝っていてかわいい。

△ピンクとグリーンのタイルをバックに咲く紫陽花。

東武伊勢崎線東向島駅で電車を降り、「日本一の私娼街」とも称された玉の井を、まずは散策することにした。

　玉の井の街は住宅街と化し、滝田ゆうが描いたラビリンスの面影はなかった。もちろんいまはドブ川も流れていない。インターネットで検索すると真っ先に出てきた、有名な遺構であるカフェー建築もすでに取り壊されていた。いまも色里の名残を感じられるものは、ほんの数軒残る古いスナック群だろう。この街の歴史を知らない人が見れば、どうしてこんなところに突然お店が集まっているのかと不思議に思うかもしれない。一軒のスナックの前には「車ぬけられません」と書かれた標識が立つ。かつて掲げられた「ぬけられます」の看板を意識してのものだろうか。だとしたら、遊び心があって楽しい。

　玉の井からほど近い場所にあったもう一つの色里が、鳩の街。昭和二十年の戦火を受け、玉の井の業者がこの地に移って開業したのが始まりだ。昭和三十年刊行の『全国女性街ガイド』によると、鳩の街は「典型的なアプレ派」で、「月額二万余円の送金負担というが如き首枷・M枷に縛られた女は案外少なく、割合単純に恋に盲目となる。そこがまた鳩の街の信条であり、若い者に人気のユエン」であったという。玉の井散策のあとは、ゆっくり歩いて鳩の街へと向かうことにした。

　色里があったあたりは現在「鳩の街商店街」と呼ばれ、ちょっとした観光スポットになっていた。昔懐かしい雰囲気を残しながら、若者が営む個性的なテナントもいくつか入っている。気になるお店を覗いては店主と一言二言おしゃべりしつつ、ぶらぶら歩くだけでも楽しい。レトロな下町らしさが映えるんだろう、上等なカメラを持って歩いている人もたびたび見かけた。

　商店街から一本中に入ると、そこには住宅が密集している。この一帯に、色里在りし日を偲ばせるカフェー建築がいくつか残っているはずだった。新築のお宅もずいぶん建っているように見受けられ、このたくさんの家々の中からお目当ての建物を見つけ出すのは、まるで宝探しでもするような気分だった。そう意気込んで歩きはじめてはみたものの、お宝たちは案外容易に姿を現わしてくれた。

　角が丸みを帯びた曲線状になっているアールの柱、モザイクタイルや凝った装飾が施された庇など、いわゆるカフェー建築の特徴として挙げられる独特な意匠によって、住宅街ではかえって見つけやすかった。ある一軒では、辻に向けてちょっと腰をひねったように二階の窓が設けられていた。それは悩ましい視線でお客を誘う女性そのもののようにも見えるし、その窓から手招きする女性の姿が目に浮かぶようでもある。色里の建物は、窓ひとつとってもセクシーだ。何軒かあるこれらのカフェー建築のなかでも、淡いピンクとグリーンのタイルが市松状に貼られたお宅は特に目を引いた。このタイルの色合い、赤線跡ではたびたび目にする王道の組み合わせであり、やっぱりダントツにかわいい。初めて訪れたときにはタイルを背に紅葉が色づき、再訪時には紫陽花が鮮やかに咲いていた。いまでは閑静なこの地でも、目を閉じれば昭和二十〜三十年代、紅をさした女性たちの嬌声が聞こえてくるようだ。

　ちあきなおみの唄う『ねえ、あんた』という歌を聴くと、必ず頭に浮かんでくるのが玉の井や鳩の街の情景だ。「やっぱりあたしはドブ川暮らし　あんたを待ってちゃいけない女さ」その歌詞は、切ないという一言では言い表せないほど胸に迫ってくる。でも、恋多き鳩の街の女性たちにとって、たとえ娼家の一室であっても、好きなひととふたりきりで過ごす時間は幸せだったに違いない。この街では、そんな切なくも幸せな瞬間が、きっといくつも生まれたんだろう。

二〇一五年および二〇一七年訪問

△スナックの前に立つ「車ぬけられません」の標識。

燃えた廓のランドマーク

「田町遊廓」(東京都八王子市)

二〇一三年、多摩エリアの街をキャンパスに見立て、さまざまな授業を行う「東京にしがわ大学」が、八王子田町遊廓を歩くキャンパスツアーを開催した。参加者はわたしを含め、希望者の中から選ばれた女性四名。ツアーをガイドしてくれたのは、八王子を拠点に活動する若手デザイナーユニットの女性ふたりだった。

田町遊廓は、もとは甲州街道八王子宿の飯盛女を始まりとする遊廓で、明治三十年の大火を機に街道沿いから田町に移転した。『全国女性街ガイド』には次のような記述がある。

「夕暮時はねずみ啼きもきこえて来ようという、東京周辺では昨今めずらしい色里である。明治三十二年十月建立の石の大門をくぐれば、小砂利を敷きつめた玄関の奥まった店や、文明開化作りの青楼など十五軒、暮色蒼然と軒をつらねている。都心からわずかの遠征で、これだけの古典的風物に接するとは、日本も見捨てたものではない。」

六十年の時が経ち、もは

▽焼失する前の旧「旅館松屋」。田町遊廓のなかでもシンボル的な存在だった。

やそんな風情を感じることはできなくなってしまったけれど、遊廓の面影は確かにそこにあった。

集合場所は八王子駅だった。初めて降り立った駅舎の大きさと綺麗さに驚く。正直、こんなに駅前が開けているとは想像していなかった。これから訪れる遊廓跡に対しても、一体どんなところなんだろうと期待が高まる。わたしたちは、これもツアーに組み込まれたプログラムで、老舗の呉服屋さんでの着付けを済ませ、プロの手によるヘアセットで華やかに着飾ったのち、田町遊廓跡へとぞろぞろ歩いていった。駅から寄り道せずにまっすぐ向かったとしても、おそらく二十分近くはかかるだろう。

しばらく歩くと、道幅の広い通りが出現する。ここが田町遊廓の大門通りだ。空襲を逃れ、焼けずに残った戦前の妓楼が何軒か建っている。そのなかでもひときわ存在感を放っていたのが、旧「旅館松屋」の建物だった。わたしたちが訪問したのは五月。巨大な建物がまるごと、青々とした蔦に覆われていた。確かに目の前にリアルに存在しているのに、まるで作り込まれた舞台セットのようにも見えた。お伽噺にでも出てきそうなその建物は、わたしの胸をわくわくさせた。

ちょうど門掃きをしておられた家主さんと、少しだけ立ち話をすることができた。もとの持ち主であったお兄さんから譲り受けた建物で、内装は何度もリフォームしているから以前のつくりからはずいぶん変わってしまっている。大きな建物だけに手入れするのが大変で、いっそのこと手放してしまえたら楽なのに、と冗談とも本気とも取れる調子で話されていた。家主さんは一人暮らしなのか、ご家族がいるのかは聞かなかったけれど、いずれにせよこれだけの建物を維持していくことがどれだけ大変か、容易に想像ができた。ここに部屋をひとつ、それなりの家賃を払って間借りさせてはもらえないだろうか。そんな考えが頭をよぎるも、あまりに突拍子のない話でとても相手にしてもらえないだろうと思い直し、言葉を飲み込んだ。それほどに心を一瞬で捕らえる魅力を持った建物だったと、もう二度と会うことのない家主さんに伝えておけば良かったといまとなっては思う。

二〇一四年の冬、旧旅館松屋は、見るも無惨な姿になってしまった。火事で燃えてしまったのだ。『吉原炎上』という名作が生まれるくらい、昔から遊廓と火事はセットのようなものだけれど、それをいまの時代に目の当たりにするというのは、すごくショックだった。火事さえなければ、まだこれからしばらくは田町遊廓のランドマークとしてそこに建ちつづけていたかもしれない。そんな可能性を考えると、残念で仕方がなかった。ただ、どの道そう遠からずなくなってしまうのならば、重機で味気なく壊されてしまうより、真っ赤に燃えさかる炎の中で最期を迎えるというのは、いかにも妓楼らしく、ドラマチックな結末だったのかもしれない。そんな無責任な考えとともに、この建物の在りし日の姿や家主さんとの会話が、いまでもたびたび思い起こされる。

二〇一三年および二〇一八年訪問

△数軒の妓楼建築が残る旧田町遊廓のメインストリート。

雨に濡れる軍都の廓

「有楽荘」（愛知県豊橋市）

振り返ってみると、お天気に恵まれた旅ばかりしてきた。雨や雪に降られた旅は、その回数が少ないぶん、より印象に残るものだ。豊橋の遊廓跡を訪ねた旅がそのひとつだった。

豊橋には、東田園（東田遊廓）、有楽荘（小池遊廓）と呼ばれるふたつの遊廓跡が残っており、この日は一日で両方をめぐるプランだった。明治四十一年からの陸軍第十五師

△大通りに建つ旅館。正月でもないのに飾られたしめ縄にはどういった意味があるのだろうか。

団の駐屯を受け、二年後の明治四十三年、東田遊廓（吾妻町にあったことから、吾妻遊廓とも呼ばれた）が誕生した。昭和十九年、太平洋戦争の影響により廃止となるも、戦後、遊廓の復活を求める声が高まり、吾妻町に隣接する東田仲の町に誕生したのが東田園だった。また、駐屯地から六百メートルほどの距離にあった有楽町に小池遊廓が、昭和十五年頃にはすでに成立していたという。これが戦後、有楽荘と呼ばれた。

東田園と有楽荘は同じ豊橋市内にあるとは言え、少し距離が離れている。どちらを先に訪れたのか、いまとなっては記憶がはっきりしない。けれど、これだけははっきり覚

△外壁がすっぽりとトタンで覆われてしまった一軒。

▽古い建物ながらも、人が住んで生活していることが見て取れる。

△個人宅として使われているように見えたが、二階の雨戸は閉め切られている。こちらにもしめ縄が。

△風俗営業店であったことを物語るプレートを見つけた。

△旅館の玄関先に敷かれた昔懐かしいタイル。

えている。有楽荘を歩きはじめるや否や、大雨に降られたのだ。地図兼カメラ代わりとして手に握っていたスマホが、壊れてしまうんじゃないかと心配になるほどびしょ濡れになった。本来ならば、こんな大雨は街歩きの大敵。だけど今回ばかりは、雨がまるで黒澤映画のごとく、にくい演出のように思えて気持ちが良かった。遊廓の街割りの名残だろう、不必要なほどにだだっ広い道を、ザーザーと音を立てて落ちてくる大粒の雨を受けながら、ひとりで歩きつづける。そんな自分自身の姿を、わたしはどこからか俯瞰しているかのような、もしくは、映画スタジオの中につくられたはりぼての街を歩いているような、奇妙な気持ちになっていた。

　有楽荘には比較的多くの遊廓建築が残っている。ここを訪れたとき、遊廓跡をめぐりはじめて三年ほど経っていたと思う。いろんな場所を見て、だんだん新鮮味も薄れてきた頃、久しぶりに「すごい！」と声を出したいほどの興奮を覚えた。それは有楽荘が、遊廓建築のお手本みたいな建物ばかりを集めたかのような場所だったからだ。妓楼だった建物は、旅館や料理店や民家に姿を変えていた。中央部が盛り上がり両端は反り返った曲線を描く唐破風の屋根、屋号が刻まれた飾り瓦、格子窓や足下のタイル。遊廓建築の特徴であるそれらの要素が、ここに集結していた。なんでも、有楽荘ではいまでも昔ながらに遊ぶことができるとか、できないとか。だからこそ、これだけの状態で残っているんだろうか。

　同じ日に訪れた東田園の記憶は、有楽荘に比べると不思議なくらいに薄い。知人に好きな遊廓ベスト3を問われたとき、当時のわたしは、三番目に豊橋の有楽荘を挙げた。自分でもはっきり「好みの遊廓のタイプ」を認識しているわけではないけれど、有楽荘には惹かれるものがあった。そしてやっぱり、雨の演出効果が大きかったとも思う。有楽荘の街並みは、いつも大雨の中を歩くわたし自身の姿とともに思い出されるから。

二〇一六年訪問

△紅い壁がいまでも妖しげな雰囲気を放っている。
◁かつての屋号「三楽」の文字が残るお寿司屋さん。

割烹
寿司
新々
清酒
四海王
三楽

高瀬川沿いの桃源郷

「五條楽園」
（京都府京都市下京区）

五條楽園は、これまで訪れた遊廓跡の中でも一番お気に入りの場所で、何度も足を運んでいる。遊廓時代には七条新地と呼ばれ、昭和のはじめ頃までは娼妓だけでなく芸妓もいる廓だった。戦後は赤線地帯となり、昭和三十三年に完全施行された売春防止法以後、五條楽園と呼ばれるようになった。法施行直前の昭和三十二年十二月には、二百軒近い業者と七百人近い接客婦

△高瀬川の対岸から楽園に残る大楼「本家三友」をのぞむ。

△お茶屋さんの建物をリノベーションした複合ショッピングモール。

△ピンクのタイルにクリスマスカラーのようなアクセント。屋号は「さかえ楼」と読み取れる。

があり、京都駅からもっとも近いことも追い風となって、京都で一番の規模を誇る賑やかな廓だった。

そんな歴史を持つ五條楽園も、いまではとてもひっそりとしている。車が絶えず行き交う五条通からわずかに奥まったエリアながら人通りは少なく、ときどき地元住民や外国人観光客とすれ違う程度だ。高瀬川を挟んで両側に「お茶屋さん」が並ぶ。二〇一〇年に摘発を受けるまでは、これらのお茶屋さんが営業する色里だった。初めて訪れたときは摘発、廃業からまだ五年も経っておらず、その街並みのしっとりとした風情は失われていないように感じられた。ことに、桜の季節に高瀬川沿

△お茶屋時代の看板が下がったままの家も多い。

▽淡い色合いと「孔雀」の屋号が美しいお茶屋さん。

△お茶屋さんに並び、廃業した旅館も残っていた。

△元お茶屋建築の内玄関に残る組合員の証。

△タイル遣いと窓のデザインが特に印象的だったお茶屋さん。

いを歩いたときは、まるで桃源郷にでも迷い込んだかのような幸福感を感じた。辻に建つ大楼を背に、街灯に照らされ夜の闇に浮かびあがった桜は、幽玄そのものだった。男性客にとってこの地は、まさに楽園だったんだろう。

五條楽園には、昔ながらの遊廓の風情ある妓楼と、ステンドグラスやタイル遣いがかわいいカフェー調の建物とが、絶妙なバランスで同居している。「孔雀」「羽衣」といったお茶屋さんの屋号はどれも美しい響きで、うっとりしてしまう。それらのお茶屋さんは、扉を閉め切ったままのところもあれば、ゲストハウスや飲食店などに生まれ変わったところもあった。最近歩いたときには工事中の建物が多く目に付き、この街が少しずつ変わっていくことを予感させるようだった。できれば一度長い役目を終えた建物を、再生させる形で変わっていってくれたらと願う。

楽園内に残るお茶屋建築のなかでもひときわ印象的だったのが、高瀬川の西側の路地に建つ一軒。ふたつの円が重なり合ったようなデザインの窓、それを囲む鮮やかなブルーのタイル。お洒落だ。いまの建築にはない独特のセンスに感心する。よくお手入れされた玄関先の植木、リードにつながれじっとこちらを見つめる上品な猫。ここだけがまだ現役のお茶屋さんとして営業中であるかのような錯覚にさえ陥る。足を止めてつい見入ってしまった一軒だった。

暑い夏の日、いつものように楽園内を散歩していると、玄関先の椅子に腰掛けたおばあちゃんが声をかけてくれた。「毎日暑いなあ。」「ほんまですね。」「こんな暑いのにおばちゃんここに座ってんねん。この先のお店でも入って涼んでいき。」「ありがとう。」「暑いから気をつけてくださいね。」「気いつけてな。」何気なく交わした会話だったけれど、このおばあちゃんはもしかしたら、この街の紅燈が消える前からずっとここに座って、道行く人たちに声をかけていたのかもしれない。そんな想像が頭をよぎった。

五條楽園に何度も足を運ぶ理由は、ここに住む人、働く人、集う人たちと言葉を、そして時には酒杯を交わすことができるから。写真に残すよりも、ずっと確かに「この地に来た」という感触が得られて嬉しい。まだそこはかとなく漂う艶っぽさと、ひとつの時代が過ぎ去ったような静けさ、そして再生の息吹。そんな空気が混ざり合ったようなこの場所は、わたしにとっても楽園さながらだ。

二〇一四年初訪問、その後数えきれないほど

◁歌舞練場としての役目を終えた五條會館。

五條會館

▽複数の出入口を持つ色里ならではの建物。

川岸に浮かぶ蜃気楼

「橋本遊廓」（京都府八幡市）

京阪・橋本駅で列車を降りた。人もまばらな静かな駅。いまとなっては信じられないけれど、昭和のはじめ頃にはホームに人がごった返すほど栄えていたという。昭和五年の『全国遊廓案内』には、「淀川、桂川、宇治川の三川の合流に沿つて居るので、風景もよく、夏は涼しく、多数の網船が出漁して、夜間の不夜城、川岸に絃歌のさんざめく辺りは実に別世界の感じがある」

△国道沿いから大谷川と橋本遊廓跡の街並みを見下ろす。

と書かれている。夏の夜の空気まで運んでくるような、どこかロマンチックな描写だ。

橋本駅の改札を出てすぐに、ずいぶんと味のある食堂が目に飛び込んできた。その佇まいから想像するに、中もきっと素敵に違いない。祈るような気持ちで近寄り、営業中だと分かったときには小躍りするほど嬉しかった。ここで食事を取りながら、お店のおかあさんと色々お話しすることができた。タイル張りのフロアにカウンターと大テーブル。わたしは迷わずカウンターに座った。二階はカフェーとして営業していた時代があり、そこで使っていた手作りの洋食棚がいまも食堂に据え付けられている。また、時代は下って、二階に学生さんを下宿させていた時期もあったそうだ。京都での学生生活を元カフェーで暮らしながら送る。わたしにはこれ以上ない贅沢のように思われた。東京の大学に通ったわたしは、いまでも古都、京都での学生生活を夢見ることがある。東京も好きだ。けれど、東京とは違う独自の文化を築いてきた京都の街そのものに、漠然とした憧れがある。とは言ってもここは八幡市だから、京都市内に住むのとはまた訳が違うのかもしれないけれど。

この食堂のホールに鎮座するふたつの大きなテーブルは、ここにたくさんの人が集まった証拠だろう。そんな賑やかな時代を想像できるような空間で今昔の話を聞きつつ、瓶

△旧廓の西端にあった橋本湯。

▽美しく保たれた妓楼建築がずらりと並ぶメインストリート。

△珍しい窓格子の造作。一軒一軒に個性がありおもしろい。

△玄関先の植木もよく手入れされているようだった。

△ステンドグラスが目を引く「多津美旅館」の窓。

ビールを傾ける。ムチッとしたボリュームたっぷりのオムライスも、気づけばぺろりと平らげていた。この街の栄枯盛衰を見つづけてきた食堂で、時計を気にせず、心ゆくまでのんびりと過ごす時間は至福だった。

お腹も心も満たされたところで、ようやく食堂を後にし、いよいよ橋本遊廓跡を見て歩いた。旧妓楼はほとんどが民家となって、驚くほどきれいに残っている。玄関に目を遣ると、どのお宅にもタイルが張られていて、そのバリエーションに胸が躍る。まるで野外タイルミュージアムだ。

まずはメインストリートを西へ向かうことにした。遊廓跡につきものの銭湯が、ここにもあった。遊廓跡をめぐるようになって、半ば必然的に、銭湯が好きになった。今回も帰り際にひと風呂浴びて、と思ったものの、残念ながら休業中か廃業してしまっているようだった。このあたりで一度踵を返し、今度は東へと進んだ。途中、ずいぶん前に営業をやめてしまったであろうスナック喫茶や、ステンドグラスの窓が美しい旅館も現れた。この旅館は遊廓ファンの間では有名だ。内部に残る、男女が手を取り合って踊る艶やかなステンドグラスや、色とりどりのタイルを拝むことができるのは、宿泊者の特権だろう。わたしも何度か挑戦したものの、タイミングが合わず予約が取れなかった。後ろ髪引かれつつ、さらに歩みを進めた。

古い歯科医院に突き当たったところで、その脇に流れる小さな川を渡り、旧京阪国道側の高台へと上ってみた。ここから、まさにいま歩いてきた街を見下ろすことができるのだ。その景色の意外さに、わたしは思わず息をのんだ。けっして、美しいわけではない。けれど、絶景と呼んで遜色ない。表通りから見るのとはまったく違った街の表情だった。時代が急激に遡り、まるで映画のセットのように、非現実なもののように思えた。この街に蓄積されてきた歴史を見せつけられたような、凄まじい迫力を感じるとともに、蜃気楼のように儚げなものにも見えた。もう、たくさんの網船も出なければ絃歌が聴こえてくることもないけれど、そこは確かに別世界だった。

二〇一五年および二〇一七年訪問

△おかあさんがいろんなお話を聞かせてくれた食堂「やをりき」。

△「やをりき」で食べたオムライスはどこか懐かしい洋食の味。

◁一階部分の店舗はもう永らく営業していないようだ。

喫茶
スナック
ダイトク

陰と陽の遊廓跡

「洞泉寺遊廓／東岡遊廓」
（奈良県大和郡山市）

高校時代に大和郡山出身の友人がいたことから、この街の名前は耳に親しかった。日本一の金魚の産地としても知られる街だ。けれど、ここに見応えたっぷりの遊廓跡が二か所も存在するとは、その時分は知る由もなかった。高校を卒業して何年経ったか、このふたつの遊廓跡をめぐったことをSNSに投稿すると、「近くにあるのに全然知らなかった！」というコメントが

△狭い路地に迫るように建つ旧妓楼（洞泉寺町）。

友人から寄せられた。

近鉄郡山駅を降り、まずは洞泉寺遊廓跡を目指した。郡山が観光地であるとは、この地に降り立ってみるまで思いも寄らなかった。「金魚とお城のまち」として観光客を誘致しているようだ。歩いている途中、家族連れの観光客を何組か見かけた。

最初に訪れた洞泉寺遊廓は、江戸時代からの歴史ある廓で、大正七～八年頃には立派な構えの妓楼が並び、かなりの繁盛を見せていたようだ。客扱いが親切で、気楽に遊ばせる主義が人気だったという。また戦後は、「美形はいなくとも、心情はこもっていて、後朝の別れなど、古典的」だったと、『全国女性街ガイド』にある。

△蔦が絡まる旧妓楼の並ぶ道は稲荷神社への参道でもある（洞泉寺町）。

△一階部分が洋風の三層楼が、比較的きれいな状態で残っていた（東岡町）。

△屋号が入った照明器具が残るも、もう灯りをともすことはない（東岡町）。

△洞泉寺遊廓跡のシンボル、「旧川本家住宅（現・町屋物語館）」のハート窓（洞泉寺町）。

その遊廓の繁栄の証しを、跡を歩くことで確かめることができた。

木造三階建ての妓楼が細い路地の両側に所狭しとそびえ立っていて、折り重なるかのように目の前に迫ってくる。その圧倒的な大きさに加えて、見るからに古い建物であるということが、より一層重厚感を与えている気がした。ただ、古いとは言っても、建物はよく手入れされている印象だ。

登録有形文化財の旧川本家住宅をはじめ、景観を保存する取り組みが活発なのか、街全体が清潔で明るい印象だった。子どもたちが路地に出て遊んでいた。訪問時、旧川本家住宅は修復中で、年に何度かのみ公開されているようだった。現在は嬉しいことに一般公開されている。立派な建物で、大きな図体とはうらはらに、仲良く三つ並んだハートの飾り窓がかわいらしい。

洞泉寺町から歩いて十分ほどの距離にあるのが、東岡遊廓跡だ。かつては芸妓と二枚鑑札の娼妓がいた廓で、近郊に聞こえた名妓もあり、こちらも相当繁盛したという。しかし、明治十三年頃にはたった二軒の置屋が残るのみとなる。遊廓の指定廃止間近にまで落ち込むも、金魚養殖界に名を謳われた小松氏の働きで、大正十三年～十四年には新たな妓楼も開業、再び盛況を見せるようになった。

そんな東岡遊廓跡は、先に歩いた洞泉寺とは対照的だった。街の空気ががらっと変わった。妓楼から転業したと思しき旅館が、看板を掲げたまま廃墟になってしまったようなものも多い。こちらも建物は立派ではあるものの、手入れされておらず、ひどく荒んでいるような印象を受けた。

意外にも三十年近く前まで色里として機能していたという。廃業して一気に寂れてしまったのか、それともすでに三十年前からこんな寂れた雰囲気を醸していたのか。一刻もはやくここを立ち去らなくちゃ。あたりに漂うのはそんな不穏な空気だった。同時に、子どもの頃に抱いたことのある、怖いもの見たさのような気持ちがムクムクと心の奥底から涌き上がってきて、廃墟となった妓楼の前から、なかなか離れることができなかった。洞泉寺町では感じられなかった、そんな魔の魅力を纏《まと》っているのが、東岡町だった。

目と鼻の先にあって、こんなにも表情が異なるふたつの遊廓跡。小綺麗に手入れされた洞泉寺が陽の当たる遊廓跡だとしたら、東岡は打ち棄てられた陰の遊廓跡か。街の持つ多様性や複雑さに触れ、これだから街歩きはやめられないとしみじみ思った。

二〇一三年訪問

◁廃墟と化した一軒。割れたガラス戸から中を覗くとすっかり荒れ果てていた。

り
旅館

門前町で精進落し

「宝山寺新地」（奈良県生駒市）

生駒は親しい友人が住んでおり、さらに今なお営業中の「旅館街」、つまり色里が存在すると知って、ぜひ訪ねてみたい街のひとつだった。近鉄・生駒駅で友人と待ち合わせた。まずは駅周辺を案内してもらう。てっきり廃業しているように見えた銭湯はいまだ稼働中で、生駒に唯一残る銭湯だそう。昔ながらの商店街もあり、都会すぎず田舎すぎず、庶民的で暮らしやすそうな印

△ケーブルカーを降りると昭和の観光地の懐かしい風景が広がっていた。

象だ。駅前の散策を一通り済ませたら、いよいよ宝山寺新地へと足を向けた。

目的地へは、鳥居前駅からケーブルカーに乗って向かう。なんでも生駒ケーブルは日本初のケーブルカーで、二〇一八年には百周年を迎えるそうだ。生駒山頂には遊園地があり、わたしたち以外はそこへ向かう家族連れの乗客だった。やってきたケーブルカーの車両は、いかにもこども受けしそうな犬のデザインをしている。自分がこれから向かおうとする先とのギャップに、思わず苦笑いを浮かべた。もっとも遊廓は、大人の遊園地なのかもしれないけれど。斜面を登る車窓から見えた「女性従業員募集」の錆びきった看

△鳥居前駅に到着する生駒ケーブル「ブル号」。

▽生駒駅前に生き残る渋い銭湯「パレス温泉」。

△営業中の証だろうか、玄関を開け放してある旅館が多かった。

△聖天さんこと宝山寺へは、石段に旅館が並ぶ風情ある参道が続く。

△いまも遊びができる旅館であることを確認できる玄関脇のプレート。

板には、旅館の実態を知っているだけに、妙な想像を掻き立てられた。友人をはじめわたしのほかに誰ひとりとして、そんなものは目に入っていないようだった。

宝山寺駅でケーブルカーを降りると、そこは生駒聖天さんの門前町であり、噂の「旅館街」が広がる。簡略的に描かれた周辺の地図、そして「観光生駒」と書かれたアーチが迎えてくれた。これぞ昭和の観光地。初めて来た場所なのに、懐かしい。のんびり犬を散歩させる地元の中年女性や、親子連れの観光客や若い男女のグループとちらほらすれ違った。閑散としているわけでもないけれど、賑やかというわけでもない。至ってのどかで平和な時間が流れる。とてもこんな場所で春が売られているとは思えない。それでも、石段に沿って両脇に立ち並ぶ旅館の玄関先には、確かに「十八歳未満立ち入り禁止」「風俗営業許可店」と掲げられていた。

かつての男性サラリーマン向けの月刊雑誌『現代』に、宝山寺新地での「精進落し」のルポルタージュが掲載されていた。昭和四十六年の記事だ。それによると、当時百人近い芸者がいて、石段の上と下の検番にわかれていた。同じ座敷にそれぞれの検番から芸者を呼び、張り合わせるのが通の遊び方。「料亭部」でお酒を飲みつつ歌を歌うのが最初の三十分、その後は同じ建物内にある「旅館部」に移動してお布団でお遊び、ということらしかった。

宝山寺のお膝元、ケーブルカーでゆっくり登ってたどり着くというアプローチも相まって、ゆったりした空気の流れるこの場所はまるで、極楽浄土みたいだ。もし男性に生まれていたら、一度は「精進落し」に来てみたかったとまで思った。情緒あるこの旅館街を、わたしはそれほど好きになってしまった。

二〇一七年訪問

◁営業形態を知っているせいか、門前町の旅館は妙に艶っぽく見える。

料理旅館
吉乃家
JCB
JCB CARDS
料理旅館
吉乃家
料理旅館
吉乃家

土手下の旅館街

「玉水新地」（高知県高知市）

実家の母の本棚で、たまたま手に取った小説『櫂』。それがわたしと宮尾登美子との出会いだった。以来、土佐の花街や遊廓を描いた彼女の小説の数々に読み耽った。まだ訪れたことのない土佐の地に、思いが募るばかりだった。次の旅先は高知だと、迷う暇もなく決めていた。

学生時代に金銭的な理由で使いはじめた青春18きっぷ（低料金で普通列車、快速列車が乗り放題になるJRの期間限定フリーパス）で、すっかり鉄道旅の虜になってしまったわたしは、いまでも圧倒的に鈍行列車で移動することが多い。車窓の風景をぼんやり眺めて物思いに耽ったり、時にはボックス席に乗り合わせた見知らぬ人と会話を楽しんだり、車内で聞こえてくる会話がその土地その土地の方言へといつの間にか変わっているのに気づく、まさに自分がいま旅をしていると感じられる時間が好きだ。今回も、いつものように列車で高知に向かっていた。ボックス席に座っていると中年の女性三人グループが乗ってきて、賑やかに話しはじめた。車内ではじめて耳にした土佐弁は、まさに宮尾登美子の小説の世界だっ

△風情ある中庭を臨む「得月楼」お座敷の一室。

た。眩しいから窓のブラインドを下ろそうと言った女性を、もう一人の女性が制止した。さきほどから窓の外を見つめている旅行客のわたしを気遣ってのことだった。そんな気遣いが嬉しく、そっと会釈をする。何度も訪れている好きな街へ向かうときとはまた違った高揚感があった。まだ見ぬ土地でどんな景色を見られるだろう、どんなことが起こるだろうと期待が膨らんでいくのを感じていた。

　いよいよ高知駅に到着。やなせたかしの出身地とあって、駅ではたくさんのアンパンマンのイラストやぬいぐるみが迎えてくれた。改札を出ると駅前広場には、土佐三志士の巨大な像が建っている。歴女

▽玄関先の椅子に陣取るのは、
遣り手婆ならぬ招き猫。

△毒々しいモザイクタイルが目を引く赤線建築。

である母親に送ろうと何枚か写真を撮っていると、観光案内所のほうから坂本龍馬の着ぐるみが歩いてくるのが見えた。坂本龍馬という人物にはあまり興味がなかったものの、ご当地キャラクターとなると話は別だ。わたしは遊廓と同じくらい、ご当地キャラクターには目がない。三志士像そっちのけで走り寄って、龍馬さんの着ぐるみとツーショットを撮ってもらった。さっそくほくほくとした気持ちになりながら、向かった先は、宮尾登美子の小説『陽暉楼』の舞台となった料亭「得月楼」だった。

　高知には、玉水新地（上の新地）、稲荷新地（下の新地）と呼ばれたふたつの新地があり、得月楼の前身である陽暉

楼が明治五年に創業した地が玉水新地だった。得月楼は現在、はりまや橋すぐそばに立派なお店を構えている。あらかじめ予約しておいた昼食をここで取った。中庭の見える個室に通してもらい、季節の御膳を頂く。少し汗ばむような陽気で、外から風が吹くと気持ち良かった。静かな時間が過ぎる。座敷に足を伸ばして、長旅の疲れを少しでも解消させようとした。座って列車に揺られているだけでも、長時間となると案外疲れるものだ。でも、これからが本番の街歩き。お店を出る前に、建物内をぐるっと見学させてもらった。土佐随一と謳われた料亭だけあって、品があって華やかだ。料亭という場所はやっぱり、昼にひとりで食事に来るよりも、夜に芸者さんを呼んでするような大人数の宴会でこそ本領を発揮する設えになっているものだと思った。

　得月楼を後にし、はりまや橋から路面電車に乗って玉水新地を目指した。旭町一丁目で下車し、大通りから鏡川に向かって歩いた。しばらくして用水路が見えてきたら、このあたりが玉水新地というサインだった。一見何の変哲もない住宅街のようだけれど、土手の低くなったほうへ目をやると、古い旅館が建ち並んでいた。遊びができる旅館として、いまでも夜になると数軒に灯りがともると聞いた。わたしが訪れたお昼過ぎには、ほとんどの旅館の玄関が開け放たれたままになっていた。あまりじろじろ見ないように、さりげなく何度か前を通ってみる。おばあちゃんやおじいちゃんがお喋りをしていたり、テレビを見てくつろいでいたりする姿を垣間見ることができた。猫が玄関先の椅子で居眠りをしている。この椅子は、遣り手婆さんが座ってお客さんを引くためのものだろうか。あまりにも生活感が漂っていて、はたして本当に商売をやっているのだろうかと疑う。反面、スリッパがきちんと並べられ、立派な花瓶が飾られた小綺麗な玄関なども目に入ってくる。こういう旅館は、やっぱりいまでも営業しているのかもしれないと思った。宮尾登美子の小説に描かれた玉水新地の、匂い立つよう華やかさはもはやそこにはなかった。影を潜めるようにひっそり建ち並ぶ数軒の旅館。いまはこの一角が遊廓の記憶をわずかに留めているけれど、純然たる住宅街となってしまう日もそう遠くないのかもしれない。

二〇一七年訪問

◁土手の上下をつなぐ橋の上から旅館街を見る。

旅館
日高
旅館
都

五條楽園で暮らす

ポン酢屋さんの場合

ポン酢屋さんが入居する建物。大きなステンドグラスがトレードマーク。

ここに来たのは四年前かな。オーナーがこの建物買わはったときに、各部屋に頭のおかしいものづくりの人間を入れようって言うんで。募集も出さないで、縁がある人はまあ口コミで来るだろうと。その話を聞いて、ぜひ見たいですってここに来てみたら、あっこれはいいわと。街の感じがね、ちょうど馴染むというか。

　建物は四年前から変わってないね、全然。ちょっと建具持ち込んだぐらいで、内装もなんにもいじってない。その前は占いの館やってたみたい。各部屋に占い師が来て。どれくらい続いたのか知らないけど。

　この建物内に入ってたのが半年以上うちだけだったのかな。店始めたくらいの頃、玄関締めたまんま、看板ぶらさげたまんま、買い出しに行って帰ってきたらば、当然扉が閉まってるじゃない。むかし占いの館だったときに、各部屋に通じるインターホンを付けてたらしいの。一応付いてるんだけど、いま全然使ってないのね。そしたらさ、もう七十をとうに超えてるだろうじいさんが、まあまあ酔っぱらってるんだろうね、ふらっふらになりながらそのインターホン一生懸命つついてんのよ。なんだろうと思って「すみません何か御用ですか。」って言ったら、「おう、あれや、マッサージに来たんや。」「マッサージとか無いですよ。」「モミポンって書いてある。」って。店の名前がモミポンだから、揉んだあとポンしてくれるんちゃうかって勘違いしてるんだこのじいさんって（笑）。赤線だったときの名残で、まだどっかやってると思ったんじゃないかな。

　ここが現役の頃、一回通りかかったことはあるんだよ。でもほら、地元（横浜）のほうにもよくあるようなものだから、そんなに物珍しさはなかった。大岡川って川沿いのところに、いまもうなくなっちゃったんだけど、六軒くらい連なってる長屋みたいなのがあって、その一階部分は全部開け放してある。覗くと一見バー風なんだけど、フィリピン系の女性がぴちぴちのワンピース着て、酒飲んで客待ちしてる。いわゆるちょんの間だよね。十数年前まではあったのかな。行政は港のほうで世界的な会議があるとか言うと、すぐきれいにしようとするよね。あほらしい。そう考えたら五條楽園の場合はちょっと特殊だよね。

　もうないんだけど、七条警察署っていうのがここの所轄だった。いまじゃ考えられないけど、その警察署を暴徒が占拠したことがあった。戦後間もない頃って国家警察がまだきちっと組織として出来上がってなかったんだよね。もうどうにもならないってときに、ちょっと助けてくれるかって言われて、人集めて乗り込んで行って警察署を取り戻したのが会津小鉄会。その総本部が五條楽園にあって、そういう恩があるから警察はあんまり入ってこなかったって噂には聞いてる。それがだんだん事情が変わってきて、八年前に摘発されたみたい。

住んでるのもすぐそこ。住み心地はね、部屋はいいんだよ、ちゃんとしたマンションだから。なんだけど、バブルの頃に建てられたいわゆる分譲賃貸で。ワンルームをいっぱい建てて各部屋を売って、それを賃貸にする。そういう使われ方で場所はここだから、じゃあ入ってる住人はって言うと、完全に生活保護系なんだよね。いわゆるドヤみたいな感じ。週一くらいで救急車来るし（笑）。しょっちゅうストレッチャーがガラガラガラーって入ってくる。家賃はだいぶ安いね。場所柄だね。

この街にもともといた人たちって、みんなピンで生きてて、ピンがただ今日ここに集まってますっていう。なんていうのかな、一生懸命グループで囲う感がない。日々刹那感がある。あれがね、いいよね。だからこそ、よそ者も具合よく入れる。それが五條楽園の好きなところ。嫌いなとこは……、ないねえ。うん、思いつかないな。

△格子窓から外の様子をうかがう看板猫のおきゅうちゃん。

「色里の忘れがたい建物」編

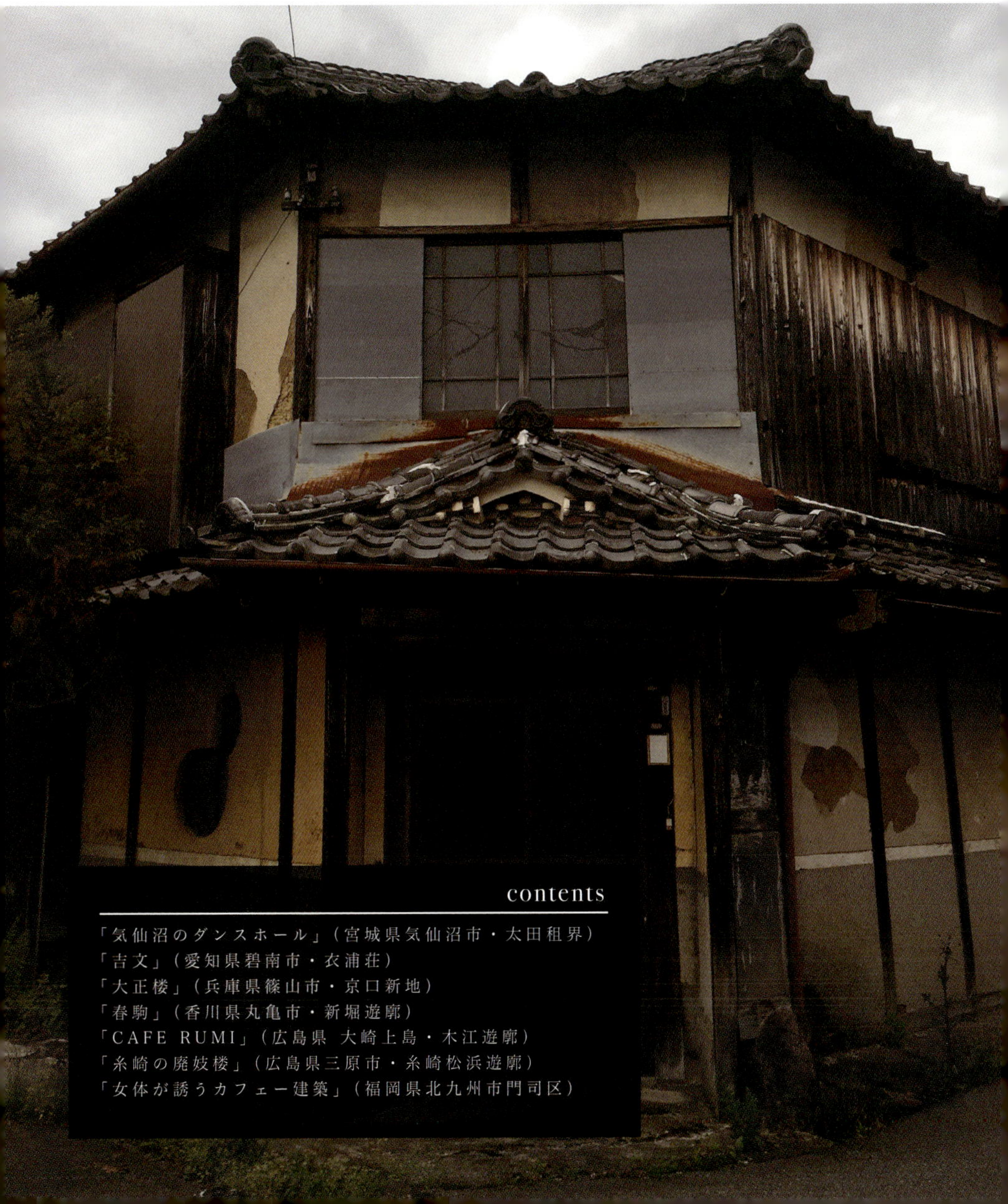

contents

男と女の夢のあと

「気仙沼のダンスホール」（宮城県気仙沼市・太田租界）

全国の遊廓、赤線跡や色里をめぐった探訪記の数々を、いまはブログなどで気軽に読むことができる。念入りな文献調査や聞き込み調査がされたものには、頭が下がる思いだ。これらの探訪記の数々は、わたしの遊廓めぐりのモチベーションでもある。その文章に込められた興奮が読み手であるわたしにまで波及してきて、あるいはその写真に一瞬で心奪われて、すぐにでも行

△ダンスホールRunbaの全景。かつては銘酒屋と隣接していたという。

きたい！　と、いてもたってもいられなくなる時がある。今回もそうだった。向かった先は気仙沼。かつてダンスホールだったという高台に建つ建物を、どうしてもこの目で見たかった。

　気仙沼の妓楼は大正六年にすべて姿を消した。時は流れて、昭和四年の大火後、魚町と太田の両地区に銘酒屋が開業したのを皮切りに、同業者がみるみるうちに数を増やしていったという。カフェー、喫茶店、遊技場などもあり、この一帯が太田租界として有名になった。

　先に登場した雑誌『現代』の同じく昭和四十六年の記事に、太田租界での一夜を綴ったものがあった。これによると、当時気仙沼には七百八十五軒もの飲食店があり、うち風俗営業は三百軒で、ほとんどが太田一丁目、魚町一、二丁目に集まっていた。特にカツオ、サンマの時期になると町全体が活気づき、流れ込んでくる商売女も急増したとある。「太田一丁目の飲食街のだらだら坂」を登り、その先にある一軒に勤める人妻ホステスと云々、というルポだった。

　気仙沼駅から、この太田租界と呼ばれた銘酒屋街があった場所を目指して歩いた。この日は偶然みなとまつりが開催される日で、道中、さまざまな姿形をしたうんづら（気仙沼ねぶた）が雨除けのビニールをかぶってスタンバイしていた。およそ五年ぶりの再訪となった気仙沼。街の様子は大きくは変わっていないよ

▽「お酒・おでん・やきとり」の看板。窓の配置が独特だ。

△王将飲食街の一角。外壁もすっかり朽ちている。

うに思われた。惜しくも廃業してしまった海のそばの老舗銭湯が、当時はまだ営業していた。この銭湯のあったあたりが魚町一丁目となる。ここで今度は港に背を向け、高台へと坂道を登っていく。これがまさに先のルポに登場した「太田一丁目の飲食街のだらだら坂」だろう。坂道は途中Y字に分岐している。まずは左の道へと進んだ。とても三百軒のお店があったとは想像できないけれど、その名残と思われる、看板が下がったままの建物がいくつか残っていた。格子のはまった円窓や、二階の窓についた手摺にはどこか色っぽさも漂う。ある程度のところで引き返し、分岐点まで戻ったら、今度はY字の右の道へと進んだ。すると現れたのが、王将飲食街と呼ばれる相当な年季の入った、一見廃墟ではないかと思われる建物。仄暗い建物内に恐る恐る入ってみると、小さな飲み屋さんがひしめいており、開店準備中なのか、人の姿もあった。ぼろぼろの看板が無造作に落っこちていたりする中、まだ営業しているお店があるというから驚きだ。

正直、ここまで見てすでにお腹いっぱいだった。それに、結構な距離を歩いて足も疲れていた。でも一番の目的はやっぱり、あのダンスホールだ。改めて自分を奮い立たせ、再度歩みを進めた。ホールの建つ場所がはっきりわからなかったため、自分の勘を頼りに、坂道を上っては下り、上っては下りを繰り返した。ようやく写真で見たものと同じ景色を見つけたとき、もう、駆け出したい気持ちだった。港を見下ろす立地のせいか、まわりの家々との距離があるからだろうか。その建物はそれほど巨大なものではなく、派手な装飾もないのに、いや、逆にシンプルだからこそか、圧倒的な存在感を放って見えた。ここに幾人もの男と女が集った、華やかだっただろう現役時代を思い描くと、わたしの心も躍った。夢のあと――。そんな言葉も浮かんだけれど、儚さや切なさよりも、甘酸っぱい好感を抱かせるような建物だった。気仙沼の街を去る頃には、わたしは心地良い疲労感に包まれていた。

二〇一七年訪問

△気仙沼のご当地キャラクター、ホヤぼーやのうんづら。

△廃業店舗が数軒残る坂道。かつてはずらりと店舗が建ち並んでいたことだろう。

△すっかり色褪せた看板に目をこらすと「鮨」の文字が見えた。

◁王将飲食街のメイン入口。店舗はここに写ったもの以外にも多数入居していた。

王将
BAR
由美
ひろみ
メトロ
柳子
恋
絵里菜
歌声スタジオ
スナック
王将飲食街

風光明媚を誇った悲運の歓楽街

「吉文」
（愛知県碧南市・衣浦荘）

名古屋をはじめ、愛知へはたびたび訪れていた。今回初めて碧南市まで足を伸ばしたのは、衣浦荘、のちに衣浦温泉と呼ばれた場所に気になる建物があったから。

　太平洋戦争も終焉に向かっていた頃、安城市に海軍の航空基地が設置され、将兵の慰安所の必要に迫られた。碧南唯一の砂浜海岸として愛された風光明媚な沖

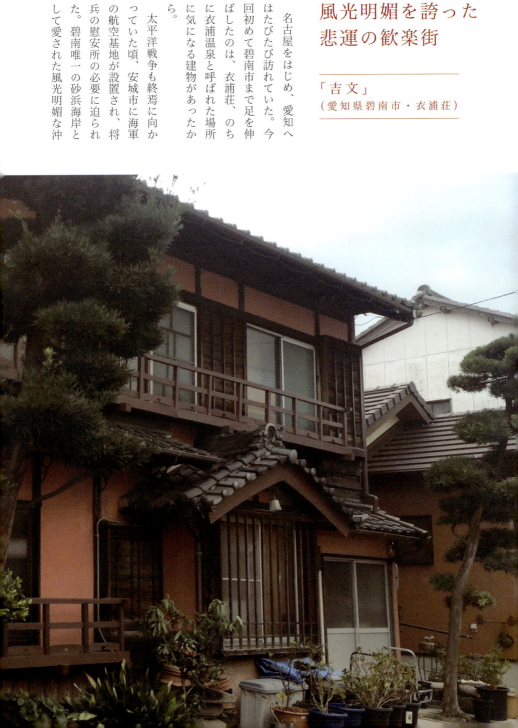

見平の地に、昭和十九年、およそ十五の料理業者、旅館業者を集めて開業した特殊飲食店街が衣浦荘だった。また、マーケットも建設され、パチンコ、麻雀、射的、軽飲食店等が軒を並べ、七十名前後の接客婦を抱える歓楽街として繁盛したという。昭和二十九年、売春防止法制定の気運が高まり、現施設を利用した転業方法を苦慮した結果、翌年には衣浦荘組合を改組、温泉開発を計画し、法の施行に先駆けて温泉旅館街へと変貌を遂げたのだった。

気になっていた建物というのは、昭和二十九年に開業した料理旅館「吉文」で、すでに温泉旅館街としての歴史にも終止符を打ったこ

▽紅殻の壁や窓の手摺が目を引く品のある一軒。

の地に、まだその姿を残している。

名鉄の新川町駅を降り、国道のほうへと向かって歩きはじめた。途中、軒の低い木造の古い商店や、大衆食堂、銭湯、木製サッシや波打つガラスが残る年季が入った美容室などを見かけた。この街はまるで昭和から時間が進んでいないかのようだ。

そろそろ目的地かというあたりで、まっすぐ延びた道路のどん付きに、淡いピンク色をした建物が現れた。近づいて見てみると、看板は降ろされ、窓の手摺も錆びきっている。ここもかつては旅館として営業していたようだ。附近には、花街の香りが漂ってくるような紅殻の建物もあった。ここが衣浦荘のあった場所で間違いなさそうだった。

路地を先へ進むと右手に現れたのが、お目当ての吉文の建物。こちらも廃業してずいぶん経つのだろうか、壁に残る「文」の字がかろうじて読み取れる。こんなくたびれた様子ではあったものの、なんと言っても「鱗窓」と称される上下方向に連なった窓は力強く、ため息が漏れた。この窓から見える景色は、どんなに綺麗だったろう。

吉文の開業に続き、昭和三十二年には旅館業者は十軒になったという。しかし昭和三十四年の伊勢湾台風後に築かれた護岸防波堤によって海が遠くなり、また、新川港に沿って一部の海岸が埋め立てられて、海岸は様変わりしてしまった。さらに昭和三十八年からの臨海工業地帯造成により、かつて人々に愛された風光明媚な砂浜海岸は、すっかり失われてしまったのだった。生き残るため、特飲街からなんとか温泉街へと転業を果たしたというのに、一番の強みであった自然の景観が丸ごと奪われてしまった。あまりにも理不尽な成り行きだと思ったけれど、今度こそ避けられない運命だったのだろうか。

これまでに訪れた港町の景色を思い浮かべた。同じ海のそばでも、瀬戸内海や日本海に面した港町とはまたずいぶん違った風情があったことが想像できる。いまはその面影はほとんどなくなってしまったけれど、目の前に建つ吉文を見つめながら、そんな風情を享受できた時代への憧れで胸がいっぱいになった。

二〇一四年訪問

△道の先に現れた廃業した旅館。

△衣浦荘へ向かう途中に通りがかった大衆食堂。街灯もレトロ。

◁眼前に迫る二層分の鱗窓が圧巻の料理旅館「吉文」。

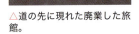

阿部定の幻影に逢える場所

「大正楼」
（兵庫県篠山市・京口新地）

昭和史に残るスキャンダラスな一大事件を起こした、阿部定という女性。昭和十一年、荒川区尾久の待合で、男性の死体が発見される。局部が切り取られ、布団には鮮血で「定吉二人きり」の文字が残されていた。言わずと知れた「阿部定事件」である。彼女がこの事件を起こす前、娼妓として最後に勤めた場所が、丹波篠山だったという。お

定さんのいた「大正楼」は、まだその地に残っている。明治四十一年、歩兵第七十連隊の新設に伴って設置された遊廓が、大正楼が建つ京口新地だった。

京口新地へは、鉄道旅の隙間時間を使っての訪問となった。かなり駆け足になってしまうことは承知の上で、いつなくなるかもわからない大正楼を、どうしてもいまのうちに見ておきたかった。JR福知山線の篠山口駅前でレンタサイクルを借りる算段にしていたところ、ちょうど目的地の側まで行くバスがあることに気がついた。バスに乗り込み、走りはじめた車窓から外を眺めていると、だんだ

▽阿部定がいた大正楼。どんなに寒い日にも店先に立って客を呼び込まねばならない過酷な勤めだった。

ん街並みが観光地らしい雰囲気になっていく。篠山城の城下町を、観光客が大勢歩いていた。狭い道をバスは慎重に通り過ぎてゆく。時間に余裕があれば観光もして行きたかったけれど、今回はそうもいかないのが残念だ。せめてこの景色だけでも目に焼き付けておこう。観光地を抜け、篠山川を渡った先にある停留所でバスを降りた。大正楼への最寄りの停留所だ。帰りのバスの時間を忘れずに確認し、時計にちらと目をやりつつ目的地へと急ぐ。

　早足で歩きはじめて五分ほどだろうか、住宅街に用水路が現れ、それを渡った先に大正楼の姿を認めた。早く近くで見てみたい！　はやる気持ちを抑えきれず、駆け寄る。でも、いざその建物を目の前にしてみると、思いがけず心がざわざわするような感じを覚えた。お定さん抜きにして、この建物と向かい合うことはできなかったのだ。

　東京、神田に江戸時代から続く畳屋の娘として、裕福な家庭に生まれ育った美少女お定さん。十五歳で不良少女となった彼女は、十七歳で横浜の芸妓となり、交際していた男に丸め込まれ、富山、信州飯田を転々とする。大阪、飛田遊廓で自ら娼妓へと身を沈めた彼女は、名古屋、そして再び大阪へと戻り松島遊廓で働き、二十六歳のときに京口新地の大正楼へと流れ着いた。お定さん本人の言葉を借りると、大正楼での仕事は「玉の井の淫売以下」の環境で辛いものだったといい、最後は隙を見て逃げ出し、娼妓という職から足を洗ったのだった。

　お定さんが自身の人生についてどう思っていたかは別として、わたしから見ると、彼女は転落の一途をたどった女性だった。そんな彼女の生きざまに触れるたび、自分とお定さんはきっとそうかけ離れた人間じゃない。自分だって、何がきっかけでどこまで堕ちるかわからない。そう思うし、そうなることを怖れてもいる。いざ大正楼を目の前にして、そんな背筋がぞくっとするような感情が、まざまざと思い起こされたのだった。

　いまここでお定さんの幻影と対峙し、いろんな問いを投げかけられているかのような気持ちになった。女として生きること。たったひとりを愛すること。どの問いかけにもそう簡単に答えは出せそうにないし、もしかすると、一生わからないままかもしれない。彼女の生き方を否定したくもないけれど、あそこまでしないとその問いへの答えを出せないのかもしれないと思うと、おそろしい。その場を立ち去ったわたしは、再びバスに乗り込み、悶々とした気持ちを抱えながら次の目的地へと旅を続けた。

二〇一七年訪問

◁昭和初期のものと思われる、年季の入った牛乳箱。

ウルトラ・プロセス

港町ブルーの三層楼

「春駒」
（香川県丸亀市・新堀遊廓）

目が覚めるように鮮やかなブルーの外観、玄関の石のアーチ、和装の愛らしい女性が目に浮かぶような「春駒」の屋号。またしても、写真を見て一目惚れしてしまった建物だった。この目で見たくて、丸亀への旅の機会を窺っていた。

かつてこんぴらさん詣りの海の玄関口として栄えた丸亀には、福島遊廓、新堀遊廓のふたつの遊廓があった。福島

△新堀遊廓跡「春駒」の全景。アパートとして使われた時期もあったようだ。

遊廓は丸亀駅の北口、つまり港方面へと降りたらすぐそこに広がっていた。もう一方の新堀遊廓は、港湾を挟んで福島遊廓の東の対岸にあった。ふたつの遊廓は共に香川県西部で随一と謳われ、賑わいを見せていたという。

丸亀駅を出るとさっそく、色里時代の遺構だろうと思われるタイル貼りの建物に出くわした。いまでは民家として使われているようだった。淡い水色のタイル、港町らしく船の絵柄が入った窓ガラス。とても大事に住まわれている印象を受けた。宝くじが当たったら、どこか一軒妓楼を買い取って住んでみたい。民家となってよく手入れされた遊廓の遺構を見るたびに、そん

△福島遊廓跡には廃屋が多く見られた。

▽廃酒屋の前に残っていたたばことお酒の自販機。

△丸亀駅を出てすぐに見つけた色里時代の遺構。

△福島町を抜けると丸亀港に出た。

△装飾が特徴的なカフェー調の建物。

な空想を思い描く。まずは宝くじを買うところからはじめないといけない。

一番のお目当てである春駒の建物が建つのは、新堀遊廓だ。福島遊廓のあった福島町を経由し、新堀遊廓があった西平山町を目指して歩くことにした。隣接しているとは言えふたつの遊廓跡を歩くのだから、時間はたっぷり確保としたつもりだった。

途中、ひどく廃れた神社の参道や、いまにも崩れ落ちそうな廃屋が建ち並ぶ光景に出くわして、なんとも言えない気持ちになる。すっかり色褪せたたばことお酒の自販機が、陽気なイラストとはうらはらにもの寂しげに残されていた。不夜城の美観を誇ったという時代は、あまりにも遠い過去のように思われる。

しばらく続く住宅街を抜けると、海が見える開けた場所に出た。旅館も建っており、確かにこのあたりに新堀遊廓があったはずだ。でも、探し求めている建物がなかなか見つからない。わたしは地図を見て歩いても迷ってしまう、根っからの方向音痴だ。違う道を行ったつもりでも、気がついたらさっき歩いたのと同じ道を繰り返し歩いてしまっている。そのうち、十分にあったはずの滞在時間もリミットに近づいてきた。悔しいけれど、またの機会に出直そうか。そう諦めかけた矢先、視線の先に見覚えのある建物が見えた。土壇場で、なんとか春駒を見つけることができたのだ。探し歩いた時間が長かったぶん、出会えた喜びはひとしおだった。

この日は太陽が眩しすぎるくらいの晴天だった。春駒の外壁の鮮やかなブルーは水面のようにきらきらと輝いて、ただひたすらに美しかった。木造三階建ての建物は、想像していたよりもはるかに大きい。しばらく見上げたり眺めたりして、興奮さめやらない。至福の数分間だった。もしも春駒の外壁がピンクだったら、それはそれできっとかわいいに違いないけれど、ここまで惹かれることはなかったかもしれない。港町によく似合うブルー。わたしの一番好きな色。写真を見て恋焦がれた建物が目の前にある感激は、何度味わっても薄れることがない。

さて、列車に乗り遅れないように丸亀駅まで戻らなくてはいけない。足早に歩いた帰り道にも、数軒の旅館を見かけた。次回はこの港に泊まってみようと思った。このあたりの飲み屋さんで一杯お酒を飲んで、地元の人から昔話なども聞いてみたい。宿に帰って布団にもぐり、この港にお遍路さんの鈴の音が聞こえた頃を思いながら、静かに眠りにつく一夜を過ごしてみたい。愛しの春駒、和装の女性はもういないけれど、夜にはどんな姿を見せてくれるだろうか。

二〇一五年訪問

◁中を覗いてみたくなる「春駒」のエントランス。

春 駒

風待ち港にアプレ娘の影を見る

「CAFE RUMI」
（広島県大崎上島・木江遊廓）

遊廓と同じくらい、喫茶店やスナックが好きだ。とうてい現実味のない話ではあるけれど、もし自分が将来喫茶店やスナックのようなお店を開くとしたら、どんな屋号にしようかと考えることがある。思い浮かぶ名前の数々は、実際にどこかで見たお店のイメージと結びついていたりする。例えば好きな屋号のひとつ「琥珀」。いろんな街で時折目にするけれど、わたしにとっては、

△木江の遊廓跡は「古い町並み」として島の観光地になっている。

愛知県岡崎市、かつて花街として賑わいを見せた松應寺横丁にあったスナックのイメージが強い。お寺のすぐ目の前に構える、石張りのお洒落なお店だった。京都、五條楽園にあったお茶屋さんの屋号「羽衣」も、能の演目のイメージからか、天女の姿を彷彿させる優雅な響きが大好きだ。ほかにも忘れられない屋号が、瀬戸内海に浮かぶ島で見た「CAFE RUMI」だった。

風待ち、潮待ちの港として栄えた大崎上島の木江港には、木江遊廓があった。この木江遊廓には、女性たちが小舟に乗って漕ぎ出し、沖に停泊中の船夫たちをお客に取る、いわゆる「オチョロ舟」の風習があった。近くの大崎下島に

△小洒落た外観の一軒。扉の上には「Welcome」の文字が残っていた。

▽多くのお店が廃業してしまったようで、街は静まりかえっていた。

△少し高いところへ登ってみると街並みのすぐ向こうに瀬戸内海が広がっていた。

△洋酒喫茶の看板には「あなたの城」。こちらもなかなか良い屋号だ。

△赤と青のボーダータイルが並ぶ珍しい外観の一軒。

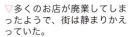

あった御手洗遊廓を舞台にした映画『大地の子守歌』（増村保造監督、一九七六年）では、ヒロインがオチョロ舟で沖へ漕ぎ出すシーンが丹念に描かれ、当時の様子をよく知ることができる。このオチョロ舟が昭和初期まで最も多く出ていた港が木江だった。おそらくその頃からほとんど変わらないのだろうなと思わせる懐かしい景色が、この地にはまだ残っていた。

　古い街並みを歩いていると、ガラス戸に貼られたままの一九七〇年大阪万博のステッカー、錆びきって文字がほとんど読み取れなくなった看板、「洋酒喫茶」の響きも郷愁をさそう。アールのついた庇や、赤と青の鮮やかなタイルが目を引くカフェー風の建物もある。二階建て、三階建ての妓楼が、そう広くはない道の両側に建ち並ぶ。

　そんななかで、思わず目を見張った一軒があった。CAFE RUMIだ。純和風の三層楼の、一、二階部分を改装したような造りになっていた。横文字の似合うモダンな佇まいだ。映画『赤線地帯』（溝口健二監督、一九五六年）で京マチ子が演じたような、洋装に真っ赤なルージュをひいたアプレ娘が出てきて客引きをしている、そんな光景がよく似合う建物だった。外観だけでなく、内部もモダンにお色直しされているのだろうか。もはやここで人が生活している気配もなく、残念ながら建物の内部を見ることは叶わない。宿やお店に生まれ変わってわたしたちがいまも足を踏み入れることができる遊廓建築が全国に多からずも残っているということは、本当は奇跡に近いことなのかもしれないと思った。

　傾斜を登った小高い場所からたったいま歩いてきた街を見下ろすと、海がほんのすぐ近くに迫って見えた。尾道や鞆とも通じる、こういうのどかな瀬戸内の景色がわたしはたまらなく好きだ。木江港から再び船に乗り込み、穏やかな海を進みはじめたとき、わたしはきっとまたここに戻ってくるに違いないという確信に満ちていた。

二〇一四年訪問

△元写真屋さんだろうか。立派な建物も役目を終えて色褪せてゆく。

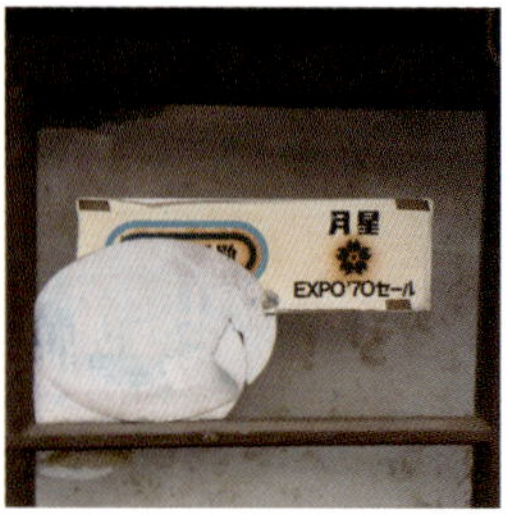

△廃店舗に残った大阪万博時のセールステッカー。

△数軒の旅館が残っていたが現在は営業していないようだ。

◁一際存在感を放つCAFE RUMIの窓はどれも固く閉ざされていた。

CAFE
RUMI

朽ちゆく
妓楼はいま

「糸崎の廃妓楼」
（広島県三原市・糸崎松浜遊廓）

朽ちていくものは魅力的だ。時にそれらは、煌びやかなものや最先端のものよりもずっと、わたしの心を惹き付ける。退廃的な美というものは確かに存在するのだと、糸崎の地を訪れて実感した。

JR山陽本線の尾道、三原の両駅に挟まれた糸崎に、打ち棄てられたままの妓楼があると知って見に出

かけた。糸崎の松浜遊廓は船乗り相手の廓であり、糸崎は木江遊廓同様、オチョロ舟が出る港町だった。

　糸崎には約二十艘のオチョロ舟があり、「ベッピン」または「オチョロ」と呼ばれる女性たちを一艘につき二〜五人乗せていたという。夕刻が迫ると鈴の音を合図にいっせいにオチョロ舟が漕ぎ出したというその景色を、この目で見てみたかったものだ。また、海だけでなく陸での商売も行っていたが、大規模なお店は少なく、ベッピンさんを数人置くささやかな営業形態だったという。

　糸崎駅を降り、港に向かって十五分か二十分ほど歩

▽緑に浸食されはじめる廃妓楼。朽ちて消えゆくのを待つばかり。

いただろうか。港が近くなるにつれ、それらしい街並みになってきた。歩くスピードを落として、細い路地を一本一本、見逃さないようにゆっくりと見てまわる。ある一角を曲がると、視線の先に現れた廃妓楼。これだ！　写真で何度も見ていたとは言え、やっぱりその光景には驚かされた。

いまにも崩れ落ちそうな姿で、静かに佇む廃妓楼。一体何年前からこの状態のままなんだろう。わたしにとっては垂涎ものの建具や欄干も、まるで何の価値もないものであるかのように、そこに傾いているだけだった。なんてもったいない、あの手摺も窓ガラスも、もう要らないならわたしが持って帰るのに……。そんなことを思ってもどうすることもできず、ただただもどかしい気持ちでしばらくその光景を眺めていた。

いまも賑やかな歓楽街であるすぐお隣の尾道とは、あまりにも対照的だ。ただ、いつその姿が消えてしまってもおかしくはない、そんな状態だからこその、儚い美しさがここにはあった。朽ちていくこの妓楼の成れの果てをいっそのこと見届けたい。そう思いつつも、最初の訪問からずいぶんと月日が経過してしまった。現在はどんな姿になっているだろう。まだそこに残っているだろうか。

二〇一八年夏、四年ぶりの糸崎訪問を計画し、いよいよ旅に出るという一週間前に、西日本を豪雨が襲った。列車の運行にも影響が出て、糸崎への訪問を断念せざるをえなくなった。

たとえもう一度糸崎を訪れる機を得たとしても、もうあの妓楼の姿を見ることはきっと叶わないのだろうな。そんな予感が強くなった。もう二度と会えないのかと思うと、無性に恋しさが募ってくる。人も建物も、おんなじだ。まだかろうじて形をとどめていた頃の姿を見ることができただけでも、幸運だったのかもしれない。

でも、本当になくなってしまっているのだとしても、ちゃんと自分の目で確かめに糸崎へ行かなければいけないという気がしている。今度はきっと、四年も経たないうちに。

二〇一四年訪問

◁レトロなフォントがかわいい糸崎駅。

糸崎駅
銀行
広島銀行
糸崎四丁目1

門司のあの娘に会いたい

「女体が誘うカフェー建築」
（福岡県北九州市門司区）

外壁に女体がくりぬかれたような装飾が施された、一軒のカフェー建築。門司には新町と呼ばれた赤線地帯があった。初めて門司港を訪れた際、この赤線跡を代表する建物とも言える一軒を見事に見逃して帰ってきてしまった。いつものように青春18きっぷを使ったタイトなスケジュールで列車旅をしていて、門司に着いたのは夜遅くだった。旅館に一泊し、門司を発ったのが

△カフェー建築の外壁になんとも艶かしい女体。

早朝。夜は暗くてよく見えないから、心を鬼にして明け方に起きるなり次の予定を変えるなりしてでも、この建物は一見の価値があったのでは。ひどく後悔し、旅から戻ってからもずっと気になったままだった。

　行きたい街は日本中にまだまだたくさんある。優先順位をつけていくと、どうしても一度行ったことがある場所は後回しにしてしまいがちだ。最初の訪問から三年以上経ち、佐世保から大阪に向かう列車旅の中継点として小倉に泊まった翌朝、思い立って門司港を再訪した。果たしてあの女体を拝むことはできるだろうか。もう更地になってしまっているかもしれないという不安のほうが、期待よりもずっと大きかった。自分がたどり着いたときにはすでに手遅れだったということは、遊廓跡をめぐっているとあまりにも多いから。

▽丁寧に住み継がれている三層楼。

△栄小路に建つ元料亭だったという建物。

　赤線のあった場所へと向かう途中、栄小路と呼ばれるちいさな飲食街が気になって足を止めたら、ちょうど喫茶店から出てきたマスターと目が合った。あまり人に話しかけるのは得意なほうではなく、遊廓めぐりをしていても積極的に誰かに話を聞きに行ったりすることはないのだけれど、なぜかこのときはとっさに言葉が口を衝いて出た。

「遊廓はまだ先のほうって聞いたんですけど、このあたりの建物もずいぶん趣がありますね。」

「うちは戦後料亭をやってたんよ。向かいは外国人バーだった。三宜楼も行ってみるといいよ。」

いまはひっそりしているこの小路も、昭和の時代には相当な賑わいがあったんだろうと想像すると、同じ景色もまた違って見えてくるのが楽しい。本当なら喫茶店におじゃまして、コーヒーを頂きながらこの土地のいろんな話を聞いてみたかったけれど、今回もまた時間がなかった。マスターにお礼を言い、先へ急いだ。すると右手に見えてきた大きな建物が、マスターの言っていた三宜楼だった。昭和六年に建築された料亭で、現存する木造三階建ての料亭建築として九州最大級の規模を誇るという。近くまで行ってみると、残念ながら休館日だった。

気を取り直して、いよいよ旧赤線地帯に足を踏み入れた。過去にこの地を訪れた人たちの写真を参考に、あの建物はだいたいこのあたりにあるだろうと目印にしていた小児科医院を見つけた。胸が高まる。無事に見つけることはできるだろうか。玄関先に植木鉢が行儀よく並んだ三層楼が現れた。これも事前に写真で見ていた建物だ。その裏へと回ってみると、探し求めていた女体は果たして、そこにあった！　まだ残っていてくれてありがとう。そんな感謝の気持ちが溢れてくる。間に合って良かった。

写真を撮るのもそこそこに、しばらくその女体に眺め入った。建物は細い道に建っていることもあって、上を気にして歩かないと気が付かずについ通り過ぎてしまいそうだ。赤線として営業していた頃には、彼女が艶めかしいネオンでお客を誘っていたのだろうか。色っぽさと愛らしさを併せ持っていて、眺めても眺めても飽きることがない。まるでわたしの理想の女性像が具現化されたかのような、愛すべきカフェー建築だった。

二〇一四年および二〇一八年訪問

△そびえ立つ九州最大級の料亭建築「三宜楼」。

△錦町の路地にカフェー建築が並ぶ。

◁かつて見番だった建物は公民館となっている。

暴力追放
協会・門司少年補導員
錦町公民館
婦人会
老人クラブ
錦町公民館
錦町公民館
ECCジュニア
生徒募集中!
北九州市交通共済
取扱所

いい窓コレクション

遊廓建築ファンを魅了するもののひとつに「窓」があります。全国の遊廓・赤線跡で見つけた「いい窓」を集めてみました。

貝塚遊廓／大阪府貝塚市

下関新地／山口県下関市

太田租界／宮城県気仙沼市

丸山遊廓／長崎県長崎市

石坂新地／石川県金沢市

旭遊廓／岐阜県大垣市

八幡園／愛知県名古屋市

太田租界／宮城県気仙沼市

勝富遊廓／長崎県佐世保市

石坂新地／石川県金沢市

夜城園／岐阜県大垣市

尾花新地／福井県越前市

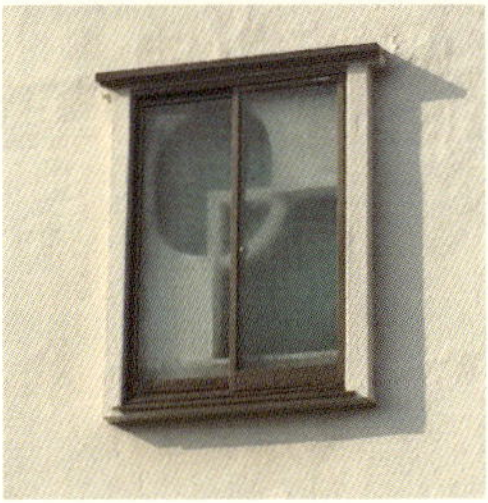

行合町遊廓／大分県別府市

丸山遊廓／長崎県長崎市

飛田新地／大阪府大阪市

中書島遊廓／京都府京都市

出村遊廓／福井県坂井市

有楽荘／愛知県豊橋市

旭遊廓／岐阜県大垣市

福原／兵庫県神戸市

中村遊廓／愛知県名古屋市

勝富遊廓／長崎県佐世保市

行合町遊廓／大分県別府市

「昔からずっと夜の街」編

contents

変わらぬ水路と松並木

「尾花新地」
（福井県越前市）

友人家族を訪ねて福井にやってきた。福井駅で待ち合わせをして、途中、学生時代に友人がバイトをしていたというお店で越前そばを食べつつ、車で彼女たちが住む武生まで移動した。武生にはとても穏やかな街並みがあった。「府中まちなか博物館」として保存され、気軽に見学させてもらえる古い建物も多く、街歩きが楽しい。お目当てだった純喫茶にも入店。こぢんまりと

△住人がくつろぐ、のどかなスナック街の朝。

していながら、ドラマの撮影にも使われたという自慢の内装はクラシカルで美しかった。帰り際には、お店のマッチをたくさん持たせてくれた。地元住民に街が愛されている。そんな印象を受けた。

　この武生の街にもかつて遊廓があったと知り、友人の家に泊めてもらった翌朝、早起きをしてひとり、尾花と呼ばれた場所を歩きに行った。この地に遊廓が成立したのは明治三十一年。各所に散在していた置屋が一か所に集められ、尾花遊廓や武生町遊廓と呼ばれた。戦後は赤線となり、昭和三十三年の売春防止法施行により廃止される。昭和五十一年には、尾花町は桂町、および本多三丁目に分割編入さ

▽毒々しい色味でお客を呼び寄せるスナック群。

△壁の色や窓の装飾が艶っぽい。

△路地裏のシンプルな店構えは興味をそそる。

△料亭風の建物も残る。

△メイン通りから一本中に入ったところにもスナックがちらほら建つ。

れることとなり、遊廓のみならず、尾花という地名までもが消えてしまった。

旧尾花町、現在の桂町にたどり着くと、この場所にかつて遊廓があったことはすぐに見てとれた。広々とした道の中央に流れる水路に沿って植えられた松の並木。大正二年の大火で焼失する以前の尾花新地、大正末〜昭和初期の尾花新地、そして昭和五十年頃の尾花新地の写真と見比べてみても、通りの両側に並ぶ建物こそアップデートされているものの、その景色はほとんど変わらないように見えた。目抜き通りを挟んだ一帯が、いまはスナック街になっている。早朝の街を歩いたから実態は不明だけれど、遊廓跡にありがちな「果たして営業してるのかしら」と疑いたくなるようなスナック街ではなく、少なくとも大通りに面したお店は、どこもおそらく現役営業中のように見えた。

大通りから一本奥に入ってみると細い路地が広がっていて、そこには営業を終えたと思われるお店も含めて、カフェー調の建物や料亭のような和風建築がいくつか残っていた。なかでも、路地の突き当たりに突如現れた大きな建物には度肝を抜かれた。ピンク色の三階建ての建物は、ひとくちに和とも洋とも形容しがたい珍しいファサードで、存在感たっぷりにそびえ立つ。色褪せた看板を見ると「串焼き」の文字。とても串焼きが似合わない建物なのに、営業中は一体どんな様子だったんだろう。

夢中で歩き回るうちにすっかり日も昇ってしまい、住民たちが水路脇にゴミを出しに出てきては立ち話をしている。スナックの店先に腰掛けてくつろぐ男性や、外で遊びはじめる子どもたち。あまり帰りが遅くなってしまうと心配されるかもしれないと思い、途中、福井鉄道・北府駅（旧西武生駅）のレトロな駅舎を見学しつつ、朝食をつくって待ってくれているはずの友人の家へと足早に歩いて戻った。夜にはあのスナック街に灯りがともるはずだ。今度は夜の顔を覗きに、そしてまた友人家族に会いに、近々再訪したい。

二〇一六年訪問

△遊廓時代から変わらない水路と松並木。
◁ひときわ目を引く尾花新地のランドマーク。

菊正宗

華やかな昭和の夜を垣間見る

「富岡二町通り」（群馬県富岡市）

昭和三十年に公開された映画『月に飛ぶ雁』（松林宗恵監督）で、若尾文子演じる可憐なヒロインがアルバイトサロンで働いている。アルバイトサロンとは、主婦や学生といった本業を持つ女性がバイトのホステスとしてお客をもてなす、主に関西を中心に流行したキャバレーのようなお店だったそうだ。その全盛期の時代より三〜四十年近く遅れて生まれたわたしが、アルバ

△二町通りに残るアルバイトサロンの建物。

イトサロンの名を冠したお店を目にすることができるなんて、思ってもみなかった。それは富岡製糸場そばの、二町通りと呼ばれる遊里跡に残っている。

群馬県は明治二十六年、県令によって公娼を廃止したものの、春をひさぐ商売がまったく無くなったかと言えばそうではなかった。群馬には乙種料理店制度というものが存在した。女性たちは酌婦、置屋は乙種料理店という名称で、公娼廃止からは免れて営業を続けた。一方、これと区別するため、飲食物を中心に提供する従来からの料理店は甲種料理店と呼ばれるようになった。

富岡には昭和十一年時点で

△製糸場までの道で見かけたレトロな食堂で昼食を取った。

▽大正元年創業の「萬屋料理店」は現在も営業中。

△喫茶店やパチンコ店の並びに、古風な歯医者さんも建つ。

△一階部分がスナックに改装された一軒。

△「萬屋料理店」の店先には昭和三十四年に掲げられた「二十歳未満立ち入り禁止」の看板が当時のまま残る。

酌婦が三十八人、乙種料理店は十八軒あったという記録が残っている。また、同年、甲種料理店は二十三軒、飲食店が七十九軒、カフェーおよびバーは二十九軒あったという。歓楽街として結構な賑わいを見せていたことだろう。

二町通り一帯を歩いてみると、現在はスナックが密集しており、その規模もなかなかのものだった。とは言っても、その姿は昭和のいつ頃からか時が止まったまま。いまも営業を続けているお店がどれくらいあるのか検討がつかないけれど、真っ昼間に歩いても、歓楽街特有の少し妖しげな空気が漂う。製糸場は観光客で賑わっていたにもかかわらず、このあたりまで来ると歩く人もかなりまばらで、観光客カップル一組とすれ違ったくらいだった。それでも完全に観光地から外れた場所として認定されてしまったわけでもないようで、ところどころに親切な手書きの案内板が設置されていて、栄えていた頃の二町通り一帯の様子を窺い知ることができた。

最近、自宅のそばに行きつけのスナックができた。毎日和装で出勤するママは昭和一桁生まれで、若尾文子より少し年上だ。お客さんがわたししかいなかった夜、二人で女子トークに華を咲かせた。ママが始めた問わず語りは、若き日に田舎から出てきて銀座の高級キャバレーで働き、それから水商売を一通り経験して、いまの地で落ち着いて五十年、という壮大な身の上話だった。それを聞いたわたしは、富岡で見たアルバイトサロンのことを思い出した。「そういえば、富岡にまだアルバイトサロンの看板がある建物が残っててびっくりしたんですよ。映画の中でしか見たことなかったから。」興奮気味にそう話すと、ママは神妙な面持ちになって答えた。「アルバイトサロン、わたしは働いたことはなかったけど、彼女たちもいろんな事情があってああいうところで働いてらっしゃったんでしょうね。」昭和の夜の華やかさに憧れて、すっかり浮わついた気持ちでその話題を持ち出しただけに、ママのこの言葉には思わずハッと息をのまずにはいられなかった。

言葉を失ったわたしを前に、いつもの笑顔に戻ったかと思えばママは「そうだ。わたし、あれ唄おう！」と手にマイクを取り、園まりの『逢いたくて逢いたくて』をかわいらしい声で唄いはじめたのだった。

二〇一五年訪問

△都会ではなかなかお目にかかれない小さなパチンコ店。
◁二階へ上ってみたくなるかわいい階段。

SMOKING

なにわの
アットホーム新地

「松島新地」
（大阪府大阪市西区）

大阪の色里といえば、飛田新地が群を抜いてその名を全国に馳せている。その飛田からそう遠くないところに、松島遊廓を前身とし、いまも飛田と同じように営業を続ける松島新地がある。松島遊廓は明治元年、大阪市内に点在していた貸座敷をひとつに集めたところから始まり、全盛期には妓楼二百五十九軒、娼妓三千七百一名と、吉原の全盛期をも凌ぐ日本一の遊廓とな

△窓や戸袋の装飾に目を見張った。

った時代もあった。

地下鉄九条駅で電車を降りた。大阪の地下鉄はいつまで経っても慣れない。地上に出るとそこは、車が行き交う大通りだった。九条の街にある小さな映画館で、「生誕九十年増村保造監督の世界」という特集が組まれていた。増村監督のファンであり、大映女優の若尾文子の大ファンであるわたしは、『妻は告白する』『女の小箱』より 夫が見た』の二本を鑑賞すべく、映画館へと足を運んだ。

映画を観た帰り、そういえばと思い立った。松島新地はすぐそばのはずだ。まだ暗くなる前の廓へと、足を運んでみた。とは言っても、実のところ、この時の松島新地の建

△九条の小さな映画館「シネ・ヌーヴォ」から松島新地までは歩いてすぐ。

▽松島の料亭にはフランス国旗のような色合いの提灯が下がっている。

△雨に濡れ、ぼんやりと灯りのともる早朝の松島はしっとりしていた。

△どのお店にもホステスさん募集の張り紙や看板が見られた。

△建物や屋号からそこで働く女性がイメージされるのもおもしろい。

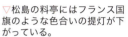

物や街並みに関する記憶はまったくと言っていいほどない。現役の色里では顔を上げて歩くのもままならず、スマホを取り出すなんてもってのほか、ただの通行人を装って素早く通り過ぎる。そういった理由もあるけれど、このときは歩きはじめて間もなく、遣り手のおばちゃんに声をかけられたのだった。

　ママチャリに乗って追いかけてきたおばちゃん。絶対に怒られる！　走って逃げ出そうかとも思った。心臓がバクバク波打つのがわかった。そばに来て自転車を降りた彼女の年齢は、五十代だろうか。もしかしてこの人もかつては、と思わせる美人さんだった。

「おねえちゃん、きょろきょろして何してんの。」

　一体どこから見ていたのか。自覚がまったく無かっただけに、ぎくりとした。とっさに駅までの道で迷ってしまったとごまかす。

「店探してんねやったらうち来おへん？　おねえちゃんやったら結構稼げると思うな。」

　道に迷ったのではないことは見透かされていたけれど、意外にも気さくな調子で話すおばちゃんに、こちらもできるだけ親しげに答えようとした。

「もういま、大阪に住んでへんくって。」

「そうなんや。実家どこなん？　ああ、わたしも十何年くらいかな、そのへんにおってん。あ、駅までの道教えたげるわ。」

　束の間の会話をどきどきしながらやり過ごし、おばちゃんが親切に教えてくれたとおりに駅に向かった。そんなわけで、周囲の様子を見る余裕は一切なかった。けれどこの日以来、なんとなく松島は人情味があって馴染みやすい、アットホームな新地だというイメージがわたしの中にできあがった。

　数年後、今度は平日の朝はやく、まだ営業が始まる前の松島新地を再訪した。出勤や登校の地元住民たちがちらほらと姿を見せはじめる時間。大雨だったこともあり廓内を歩く人はごく少なく、今度は丸一時間かけてゆっくり、じっくりと建物に見入ることができた。期待をはるかに超えて、見応えがあった。飛田に勝るとも劣らないのではないかと思うくらい、たくさんの古い建物が残っていた。満足して駅へと向かう道すがら、心のどこかでまたあのおばちゃんに会いたかったと思っている自分を見つけた。そんな自分に驚きつつも、照れくさいような笑みをひとり浮かべて心の中でつぶやいた。

「わたしやっぱり、松島が好きやなあ。」

訪問
二〇一四年および二〇一八年

◁現代風な屋号の料亭もいくつかあった。

蓮《れん》
さやか
ラブ
ラブ
十八才未満立入禁止
防犯

猫たちが住む
ソープ街

「福原」
（兵庫県神戸市兵庫区）

神戸は数年に一度家族と遊びに行くことがあったくらいで、これと言って好きでも嫌いでもない街だった。それはまだわたしが子どもだったからかもしれない。大人になってから初めて、新開地や湊川公園あたりを歩いてみた。かつては「東の浅草、西の新開地」と言われるほどにエンターテインメントを牽引した街だったという。いまは浅草の賑わいとは対照的な静けさだ

△数ある建物の中でも一番印象的だったお座敷サロン。

つたけれど、最盛を誇ったという時代からのギャップから か、なんとなくメランコリックな空気が漂っていて、これからたびたび訪れてみたいと思わせる場所だった。

新開地に隣接するのが、かつて遊廓があった福原。明治初頭に成立した福原遊廓は隆盛を見せたものの、神戸大空襲により全焼、消滅した。戦後は赤線地帯として復活を見せる。『全国女性街ガイド』によると「衛生施設の悪いことは大赤線では日本一」だったという。現在は、関西屈指の一大ソープ街となっている。

同じく遊廓、赤線からソープ街へと変遷を辿った東京の吉原は、本来そんなところに用がないはずのわたしが訪れ

△精をつけるため？　遊廓の入口に焼肉屋あり。

▽すでに廃業したようだが、旅館も数軒あった。

△金刀比羅神社の玉垣に刻まれた福原三業組合の文字。

△福原への入口に鎮座する金刀比羅神社。

△ソープランドの向かいに、昔ながらの純喫茶が残っている。

ることに気後れしてしまうし、黒服さんから「お疲れさまです！」などと不意に声をかけられることもあり、その度にびくっとしてしまう。歩くのにとても緊張する場所だ。そんなわたしが旅先では大胆になるのか、福原へはいそいそと足を踏み込んでいった。

　福原を歩いてみると、鉄筋コンクリート造のソープランドビルが建ち並んでいるのかと思いきや、赤線時代の名残かと思われる古い建物に、スナック、スタンド、居酒屋などという名目でお店がたくさん入っていた。もう営業はしていなかったものの、「お座敷サロン」と謳う一軒は、戦前の遊廓時代にまで思いを馳せさせてくれるような古風な佇まいだ。ほかに旅館などもあり、新旧混ざり合った色里の表情がおもしろい。

　この街ではたくさんの猫を見かけた。エサを与えてもらっているんだろう。人懐こい猫たちは近寄っても逃げず、ソープランドやピンク映画館の前で、我が物顔でくつろいでいた。猫たちがたむろしていた一軒の家は、一階に喫茶店の看板を掲げていた。建物を見上げてみると外壁は若草色、家紋まで付いている。まじまじと見ていると、店主が自転車に乗って帰ってきた。「この建物って古いんですか？」そう聞くと、「うん、めっちゃ古いよ〜。」と愛想良く答えながら、忙しそうにばたばたと店内へと駆け込んでいった。

　福原は規模が大きく、すべてを見尽くすにはまだまだ時間がかかりそうだった。方向音痴も災いしていろんなものを見落としていそうで、本当はもう少し歩きたかった。けれど、ソープの店先に立っていた黒服さんに「どっか探してます？」と声をかけられたあたりで、いつもの小心なわたしが戻ってきた。風俗街に女の長居は禁物。それは、これまでいくつかの現役の色里を歩いてひしひしと感じてきたはずだった。引き上げようとして、福原の入り口で神社を見かけたことを思い出し、最後に訪ねてみることにした。この地に鎮座するのは、讃岐金刀比羅宮神戸分社。案内板には「明治四年、門前町として生まれた福原華街繁栄に伴い、福原のこんぴらさんとして、阪神間から姫路に至る山陽路、淡路島等の人々から親しまれている」とある。残念ながら門が締め切られていてお詣りできなかったものの、玉垣に刻まれた「福原三業組合」の文字を見ることができた。いまなお生きつづける色里の証しだ。

二〇一八年訪問

◁年季が入った古い建物を利用した店舗が建ち並ぶ。

沢の鶴
ピーコ
福原
ローレンス

情け深い ノスタルジック港町

「尾道新開」(広島県尾道市)

尾道の遊廓は、住所で言うと久保、通称新開とも呼ばれ、現在も夜な夜な賑わう歓楽街にあった。尾道駅からは、林芙美子像が入り口に建つアーケードの商店街をひたすら歩き、十五分ほどでたどり着く。同じ広島と言えども広島市とはずいぶん様子が違い、戦火を逃れた尾道にはレトロな街並みが残る。新開には間口の小さなスナックやバーがひしめき、ひとたびネオンが灯る

△一階部分がスナックやバーに改装された建物が多く見られた。

と煌びやかであると同時に、えも言われぬ港町のノスタルジーが漂う。数あるお店の中からお気に入りの屋号を見つけるのも楽しいし、建物や看板のデザインも目を引くかわいいものがたくさんあり、お酒を飲まずとも歩いているだけで心が弾んでくる。「新開遊里統括事務所」と呼ばれたいわゆる見番だった建物も、いまもその一角に残っている。

細い路地をぐるぐると飽きずに何周も歩き回るうちに、日も暮れはじめた。開店と同時に、一軒の焼鳥屋さんに入った。カウンターに座ると早速、お店のおばちゃんに今日のカープの試合はどうだったかと話しかけられる。広島駅に降り立つと街全体がカープ

▽看板がかわいい一軒。正面を向かない玄関は赤線建築の特徴でもある。

△存在感を放っていた三階建ての店舗。廃業前に来てみたかった。

△遊廓跡では昔ながらの喫茶店を見かけることも多い。

△カープ人気は尾道でも変わらず。2016年も2017年も偶然、尾道で優勝を見届けた。

△着物姿のママが出てきそうな一軒。勇気が出ず、入店できずじまいだった。

を推していて、広島市民のカープ愛の強さには驚いたものだった。尾道でも同様、カープの存在の大きさを感じずにはいられなかった。野球にいっさい興味がないわたしは、まごまごとおばちゃんと会話を交わす。それを隣で聞いていた常連さんたちはわたしが旅行客だと知り、声をかけてくれた。

　遊廓めぐりをはじめて間もない頃はまだ、遊廓が好きだとか、建物が見たくて来たとか、堂々と口にしていいのか悩んでいた。遊廓をその街の闇歴史と捉える人もいるかもしれないし、その話題に触れられて嫌な気分になる人もいるかもしれない。結果的に取り越し苦労だったのかもしれないけれど、当時はそんなことをすごく気にしていた。遊廓のことをより深く知りたいというよりは、少しでもその名残を感じられたらいいと思っていた。だから、この時も進んで遊廓の話はせず、ただ観光に来たかのように振る舞っていた。

　食事が一段落したところで、せっかくの尾道旅行だからと常連さんたちが二軒目のジャズバーに連れて行ってくれた。常連さんのうちのひとりは、娘さんがわたしと同年代だという。「年も近いし古いものが好きな趣味も似ているし、娘が近くにいたら呼んでぜひ紹介したかった」と、品のある物静かな口調で言ってくれた。わたしもぜひお会いしてみたかったものだ。常連さんたちにお礼を言って別れたあとはまた一人になり、旅に出る前から目星をつけていた一軒のバーへと足を向けた。ご夫婦で営まれているこのお店では、カウンターでおふたりとおしゃべりをしながら、ゆったりした時間を過ごした。街並みの魅力に加えて地元のひとたちとの触れあいが心地良く、新開は、初訪問以来大好きな場所となった。

　いまも毎年尾道を訪れては、必ず新開へ足を運ぶ。お酒が飲めない母を、無理を言って連れて行ったこともあるし、失恋のヤケ酒でひとり何軒も飲み歩き、お財布の中が空っぽになったこともあった。この街にはいろんな思い出が積層されている。新開は、いつもわたしを懐深く包み込んでくれる歓楽街だ。『全国女性街ガイド』では、尾道の項が「林芙美子がしみじみと書いている安芸子の情けは深い」と結ばれていて、わたしはその一文をとても気に入っている。きっとそうだったに違いないと思わせる空気が、いまも新開には流れている。

二〇一四年初訪問、その後数えきれないほど

◁人がすれ違うのもやっとの細い路地にもお店が並ぶ。

呑食処
味菜
お好み焼

中学生男子、赤線の記憶

「益田新天街」（島根県益田市）

たびたび訪れる機会がある島根県益田市。ひとくちに島根と言っても東西に長く、益田市はその最西端、山口との県境にある。津和野や萩にも近い。益田駅の構内にはこの地に縁のある柿本人麻呂像が置かれている。この像がなぜかホラー調の表情をしていて、わたしはそれをすっかり気に入ってしまい、来る度に一緒にセルフィーを撮るのがお決まりになっている。一度いつ

△新天街の端っこに建つ和風スナック。旅館も数軒見かけた。

もの場所に姿が見えなかったことがあって、思わす駅員さんに声をかけた。

「人麻呂さん、居なくなっちゃったんですか?」

「いまあっちで直しよるんですよ。」

リニューアルして戻ってくると聞いて、胸をなで下ろした。改札を出て信号を渡った先には、小さな駅舎からは想像できないほどたくさんの飲食店が集まっていて、「新天街」と呼ばれている。

益田に到着してすぐ、駅前のビジネスホテルにチェックインした。夕食は近くで磯料理を、と決めており、用意周到に予約も入れていた。清流高瀬川の鮎が旬の時期。この機に、どうしても食べたかった。予約の時間まで、まだ一時間ほどあった。この夏はとんでもない猛暑で、もう夕方になろうかというのに、じりじりと太陽が照りつけていた。少し迷ったけれど、日傘を広げ、新天街を歩いてみることにした。

昭和二十六年に創業し、いまもこの地で営業を続けるキャバレーがあった。現在は外国人女性がメインで働いているようだ。いかにも夜の街に似つかわしい真っ赤なタイル張りのスナックビルがあれば、灯りがつかないと奥まで見通せないような、洞窟のような古い建物に飲食店が集まって入っていたりもする。すべて同じオーナーさんなのだろうか、ヨーロッパ風のレリーフがついたビルを多く見かけた。

新天街のはずれのほうまで行くと、どういう営業形態だったのか不思議に思うような、個人宅のようにもガレージのようにも見える佇まいの廃店舗があった。すでに営業はしていないものの、立派な銭湯も残っていた。角に立つ、里山の民家のようなとある一軒に目が止まる。まだ営業前だったけれど、「カクテルバー/スタンド」と看板が出ている。手描きで味のある看板とどこか懐かしいお店の外観に惹かれ、夜は絶対ここに来ようと決めた。そうこうしているうちに夕飯の時間が近づき、汗を拭いながら駅まで戻った。

夕飯に念願だった鮎の塩焼きや地酒を堪能し、二軒目には駅前の居酒屋で、地域の郷

△益田駅の顔、どこかホラー調の柿本人麻呂像。

△遊廓時代からの流れを汲むキャバレー「赤玉」。

△女性の大きなレリーフが目を引く「花街ビル」。

土芸能である石見神楽の上演を楽しんだ。島根にたびたび足を運んでいるのはほかでもない、煌びやかな衣装を身に纏《まと》い、時に重厚に、時に軽快に舞子さんたちが舞う、石見神楽の大ファンだからだ。幼い頃から父に連れられてよく見に行った思い出があり、神楽のお囃子の音に自然と心が浮き立つ感じは、確かに石見の血が自分にも流れているのだなあと思う。

　ほどよく酔いもまわり、とっぷりと夜が街を覆った頃、いざ、新天街のスタンドへと足を運んだ。扉を開けると、七十代くらいだろうか、マスターが笑顔で迎えてくれる。カウンターだけの店内だけれど、外観から想像するよりは広く、ほっとする空間だった。すでに先客が数名いて盛り上がっている。カウンターの一番手前の席に座り、ハイボールを注文する。こんなオーセンティックな老舗店が、この街にあるのは意外だった。

　タイミングを見計らって、マスターに質問を投げかけた。

「このあたりは赤線だったんですか。」

　顔色ひとつ変えず淡々と、マスターは答える。

「うん、三つあったかな。シンセカイと、ダイハチと、あともうひとつなんじゃったろうか。名前は忘れてしもうたけど、あったよ。僕らあまだ中学生くらいだったかな。赤線って言いよるけど、どこに線が引いとるんだあって思うとったね。」

　と笑った。お店の名前まで正確に覚えていらしたのには驚いた。

「浜田（隣接する浜田市）は最後までやっとりんさったみたいだけど、禁止法ができるって言うもんじゃけえ、このへんはわりとはように辞めたんじゃなかったかな。」

　中学生男子の目に、三軒の赤線地帯はどんな風に映っていたんだろう。

　旅から戻って文献を調べていると、終戦後すぐに、益田駅前に「新世界」「大八」「華山楼」の遊廓三軒が出現、娼妓は九十名いたとの記述を見つけた。また、「新世界」は先述した現役営業中のキャバレーと同じ経営者によるものだということもわかった。島根県下には松江・出雲・大社・浜田・益田の五か所の赤線地帯があったといい、益田・大社は昭和三十三年三月十五日に解散式を行い、松江・出雲も同じく十五日頃に料亭や旅館への転業、または廃業の見込みがついたという。赤線の全廃は四月十五日となったそうだ。マスターのお話がほぼ正確だったことに、また驚きを隠せなかった。

二〇一八年訪問

◁看板に惹かれ入店したスタンドのマスターは、赤線時代を覚えていた。

カクテル
バー
スタンド
谷間

建物の隙間からこちらを見つめる。（石坂新地／石川県金沢市）

スナックをバックにカメラ目線。（石坂新地／石川県金沢市）

きれいなオッドアイの持ち主。（玉の井／東京都墨田区）

鞆も尾道同様、猫の街。（鞆／広島県福山市）

白い雪のなかに目を凝らすと二つの白い影。（黒石／青森県黒石市）

色とりどりのタイルの上でキリっと顔の彼女。（五條楽園／京都府京都市）

解体された建物の跡地に佇む。（尾道新開／広島県尾道市）

街歩きをしていて猫に出逢うと、ついシャッターを切ってしまいます。SNSに載せることもあまりなければ、後で見返すわけでもないのですが……。そんな写真の数々が日の目を見るときがやってきました。全国の遊廓・赤線跡で出逢った猫たちです。

フサフサの毛がライオンのよう。（鳩の街／東京都墨田区）

スナックの店先をさっそうと
横切る。（尾道新開／広島県尾道市）

見慣れぬ訪問者に警戒中。
（東田園／愛知県豊橋市）

ソープ街を闊歩。（福原／兵庫県神
戸市）

野良ちゃんにはスナック街の路地が
似合う。（福原／兵庫県神戸市）

路地裏のふくよか美人さん。
（鳩の街／東京都墨田区）

お色気映画館の前でお色気ポーズ。
（福原／兵庫県神戸市）

「ワタシの縄張りに何かご用？」
（福原／兵庫県神戸市）

寄ってきてもエサはあげないよ。
（福原／兵庫県神戸市）

遊 廓 跡 に 住 ま う 猫

「遊廓跡に泊まる」編

contents

空中回廊のある妓楼

「新むつ旅館」(青森県八戸市)

　小中野遊廓跡にある新むつ旅館、旧「新陸奥楼」をお目当てに、初めて八戸を訪れた。宿泊の予約をした際、電話口での女将さんの印象がとても良かったから、お会いするのも楽しみだった。「遊廓の建物が好きなんです。楽しみにしています。」と伝えてから、電話を切った。

　江戸時代より多くの船が出入りしていた小中野には、全

△暮れてきた空に浮かぶ新むつ旅館の姿は幻想的だった。

国から集まった船夫たちの身の回りの世話をする「洗濯女」がいる船宿が並んでいた。この一画が明治の大火以降、小中野浦町および新地に移り、数を増やしていったという。その新地に建つのが新陸奥楼だ。

夏の青春18きっぷでの旅だった。小中野駅に到着する時間をあらかじめ伝えておいたら、女将さんが車で迎えに来てくれていた。宿に到着したのは夕暮れ時。翳りはじめた空に蒼然と浮かぶ新陸奥楼の佇まいの素晴らしさは、忘れることができない。女将さんの話によると、同じ通りにあった二十五軒の妓楼のうち（具体的にいつ頃の数字かは不明）、新陸奥楼ともう一軒だけ

△朝に見る新むつ旅館の姿。遊客は振り返って後朝の別れを惜しんだのだろう。

△玄関ホールのＹ字階段。空中回廊につながる。

△玄関から吹き抜けのホールを見る。立派な神棚も。

△目に入るものひとつひとつが美しく足を止めてしまう。

が焼けずに残った明治からの建物だそう。遊廓時代から一体何人のお客さんがここに足を運んだだろう。時代を超えていま、同じ場所に自分も立っている。そう思うと言葉にできない悦びが湧きあがってきた。女将さんについて玄関ホールに入ると、わあっと声をあげてしまう。最もインパクトがあるのは左右にのびる大階段。その階段は、頭上の空中回廊へと続いている。これまで見た遊廓建築とは、ひと味もふた味も違う趣だ。

案内されたのは、二階にある元宴会場の大広間だった。遊廓建築が好きだと言ったわたしに、一番いい部屋をあてがってくれたというから嬉しい。二十畳にたった一組、ぽつんと敷かれた布団は寂しげだったけれど、わたしはただただ興奮していた。しばし建物を見学させてもらう。館内には遊廓時代の遊客人名簿や売場台帳といった貴重な資料が残っていて、手に取って好きなだけ見ることができた。

夜、一階の食堂で夕食を頂くあいだも、女将さんは慣れた調子で小中野遊廓や新陸奥楼の話を聞かせてくれた。

「部屋は五つ。部屋名の札が将棋の駒の形をしてるのは娼妓にちなんで。当時お女郎さんを三人、芸者さんを二人抱えていた。」

お女郎さんという呼び方をした人に、どこだったか、他の遊廓跡でも出会った記憶がある。なんて優しい呼び方だろうと思った。

タイミング良く、今晩は宿のすぐそばの通りにたくさんの夜店が並ぶという。せっかくだからと夕食後ひと息ついてから、他の宿泊客も一緒になって外を歩きに出た。お風呂上がりの浴衣に夜風が気持ち良い。この夜店は、百年以上続く小中野の夏の風物詩だという。新陸奥楼のお女郎さんたちも、こうして外を歩いたのだろうか。それともこんな日は遊客で賑わって、さぞ忙しくしていただろうか。そんなことをぼんやり考えながら、屋台で買った昔懐かしいアイスクリンをほおばった。

二〇一四年訪問

△泊まった部屋から見える景色は、遊廓時代の名残である幅の広い道。

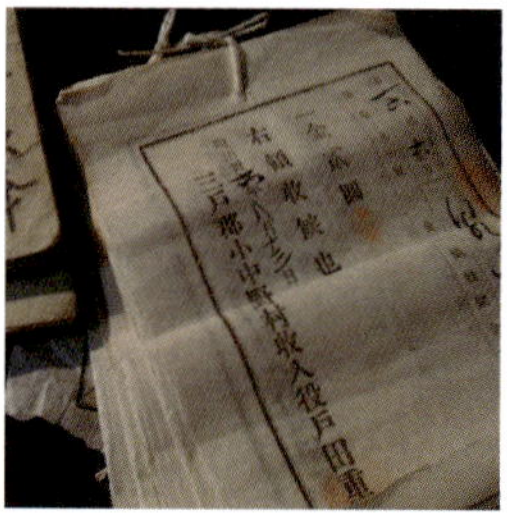

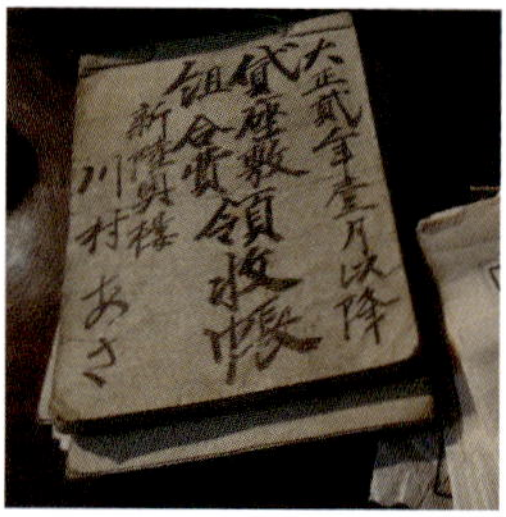

△▷「新陸奥楼」時代の貴重な資料を手に取って見ることができる。

△玄関ホールの空中回廊。手摺子も凝ったつくりをしている。

△百年以上続く夏の風物詩「小中野新丁夜店」は地元客で賑わっていた。

△かつて宴会場だったという広間に泊まらせてもらった。

△「娼妓」にちなんで作られたという、将棋の駒の形をした室名札。

はじめての遊廓遠征

「中村旅館」（青森県黒石市）

本格的に遊廓跡をめぐりはじめる最初の目的地となった場所が、黒石遊廓跡だった。遊廓からの転業旅館、中村旅館に泊まるためだった。

黒石遊廓には昭和五年時点で、妓楼が三軒、娼妓が十五人ほどあったという。数少ない妓楼のうちの一軒、よくぞいまのいままで残っていてくれました！

快晴のその日、まだ明るい時間に黒石に到着した。足元にはたっぷりと雪が積もっていた。宿を目指して歩く途中、造り酒屋など歴史ある建造物が並ぶ道や、ずいぶん古そうなスナックが集まっている飲み屋街があった。目的地にたどり着くまでの道のりを、わたしはすでに楽しんでいた。

ようやく中村旅館の看板を見つけたときは、いよいよだと息をのんだ。全体的にくすんだ色味の大きな建物が、雪に埋もれて建っている。その姿がいかにも雪国の光景らしく思えて、ああ、本当に黒石まで来たんだと感慨深かった。門前に立つと見越しの松が迎えてくれるのが嬉しい。そうそう、これぞ遊廓！　初めて訪れた遊廓旅館に、わくわくしっぱなしだった。そして、

△雪に埋もれるスナック街、甲徳兵衛町の一角。

玄関の扉越しに垣間見える朱塗りの階段。早く見たい。いざ、引戸を引いてチェックイン。玄関ホールに構えるこの朱塗りの階段は、遊女たちの顔見世の雛壇だったという。そんな艶めかしい階段を、女将さんが前屈みに手をついてせかせかと二階へ上っていく姿が微笑ましい。わたしにとっては目を輝かせる対象であるこの階段も、女将さんにとっては日常のごく一部なんだと思った。

二階へ上がると、窓まわりには使い込まれた手摺。ここで幾人もの男性たちと体を重ねた、会ったことも見たこともない女性たちに想いを馳せてみる。同じ空間に身を置くことで、彼女たちとの距離は少し縮まっただろうか。

▽かつて遊女が顔見世をしたという玄関ホールの朱塗りの階段。

△「日本の道百選」にも選ばれたこみせ通りのアーケード。

△二階に残る使い込まれた手摺。そっと手を重ねてみたくなる。

△百年以上の年月を風雪に耐えてきた中村旅館。

△ひとつの建物内に、ふたつの軒が重なったような不思議なつくり。

日が暮れて、先のスナック街へと出かけてみることにした。怪しげなお店に心惹かれるも入る勇気はなく、観光ガイドにも載っている、明朗・健全な居酒屋に入店した。

　カウンター席につくと、すぐに常連さんたちが声をかけてくれた。でも、驚くほど言葉が理解できない。このあたりの方言は南部弁と言うのだろうか、英語よりも難しい。想像力をめいっぱい働かせてなんとか会話をするうちに、だんだん馴れて、打ち解けることができた。特に郷土料理といったものではなく、手羽先などの一般的な居酒屋メニューを食べた記憶がある。そういえば当時はまだ歯並びの矯正中で、食べられるものが結構限られていたことなども、いまとなっては懐かしく思い出される。居酒屋のあとは、常連のおとうさんが行きつけのスナックに連れて行ってくれると言うから、お言葉に甘えてみた。旅先でのスナック体験も、これが初めてだったかもしれない。

　スナックのボックス席には、美空ひばりの「愛燦々」を繰り返し唄うおじさんと、それに付き合うふたりの若いホステスさん。わたしたちはカウンター席に座り、ママと話しながら、くじらベーコンを肴に水割りを飲んだ。何か唄えばと言われたけれど、まだ当時はスナックにも行き慣れていなくて、恥ずかしく、結局唄わずじまいだった。いまなら気の利いた一曲や二曲、唄えるのにな。どうしてひとりでわざわざ黒石まで来たのかと聞かれ、遊廓に興味があって、転業旅館である中村旅館に泊まりに来たことを話した。

　翌朝、宿まで軽トラで迎えに来てくれたおとうさん。津軽こけし館へ寄りつつ、弘前まで送ってくれるという。女将さんは予期せぬお迎えに呆気にとられたような表情を浮かべながらも、玄関先で見送ってくれた。途中車窓越しに見た、立派な湯治宿が立ち並ぶ温泉郷の雪景色もまた印象的だった。

「今度は桜の時期に彼氏と一緒に来たらいいよ。」

　わたしを車から降ろすと、そう言っておとうさんはまた黒石へと帰って行った。

　到着した弘前は大雪。でも、はじめての遊廓遠征となった黒石での思いがけない体験で、心はほくほく温かかった。

二〇一三年訪問

△造り酒屋や国指定重要文化財の「高橋家住宅」が並ぶこみせ通り。
◁雪の弘前からワンマン列車に乗って黒石を目指す。

弘前ー黒石

雪国で人情味に触れる

「松山旅館」（山形県酒田市）

例のごとく青春18きっぷでの列車旅で、酒田に着いた頃にはすっかり日も暮れていた。駅前に鎮座する大きなふたつの獅子頭も、闇に包まれていた。今夜の宿は元遊廓の松山旅館。人の好さそうなご主人からは宿に着く前に何度も電話があり、何時頃の到着か、気をつけて来るようにと念を押された。

江戸時代に日本海海運の主要港として隆盛を極めた酒田

△廊下の突き当たりの階段を数段上がった先に各部屋が配置されている。

には、当初「今町」「船場町」「高野濱」の三つの遊廓があり賑わっていたという。明治二十七年の大震災を機に、それらがひとつにまとめられた場所に松山旅館はある。酒田駅からは歩いて二十分ほどかかる。松山旅館のほかにも、昭和五年当時三十一軒あった妓楼のうち、西村屋、海望楼がいまも旅館として残っている。

宿へ向かいがてら、途中で夕食を取ることにした。一軒目、真っ暗な夜道に光を灯す大衆酒場へ吸い込まれるようにして入った。店内はすでに常連と思しきお客さんたちで賑わっていた。コの字型のカウンターに座り、地酒と肴を何品か注文。小腹を満たしたら、旅に出る前に行きたいと

△遊廓時代の屋号が建物に残る旅館も営業中だった。

▽宿泊した部屋は「茶室」と名付けられたこぢんまりとした一室。

△常連さんがご馳走してくれた地酒「初孫」と名物の菊の花びら。

△足下の畳と同じ配列になっているのが見どころの天井板。

△玄関から伸びる廊下。下がり壁の意匠や照明に目を見張った。

調べていた老舗バーへ向かうべく、お会計をお願いした。するといままでこちらを気にもとめていないかのようだった常連さんたちから、もう帰るのかと声をかけられる。気づけば、わたしはもう一度この酒場の席に落ち着いていた。

「酒田の酒いっぱい飲んでっての。」

地酒「初孫」と山形名物菊の花びらを常連さんたちにご馳走になり、結局長居してしまった。挙句、二軒目に行くつもりにしていたバーへも常連さんが連れていってくれると言う。

バーのカウンターに腰掛け、このお店の名物カクテル「雪国」を注文する。美しいグリーンのカクテルを作ってくれたのは、御年九十歳を超えられたマスター。グラスを傾けながら、全国の遊廓跡をめぐっていること、松山旅館に泊まりに来たことなどを話す。すると、カウンターの後ろのほうでがさごそと古い資料を探してくれた。出てきたのは、明治二十六年、豪商たちが宮中を真似た大宴会で不敬罪に問われたという相馬屋事件の舞台となった、老舗料亭「相馬屋」の古いパンフレットだった。相馬屋が建つのは、遊廓跡から徒歩十分ほどの、いまも花街の面影を残す場所。

「いまはこれしか見つからないけど、探せばもっと色々あるはず。今度は来る前に一本電話をくれれば準備しておくよ。」

なんとも嬉しい言葉をかけてくれた。

そろそろ宿に向かう時間となり、常連さんは親切にタクシーまで手配してくれた。宿のそばで車を降りるも、あたりがあまりにも暗くて、目が慣れてくるまでしばらくさまよう。酒田の夜はとにかく真っ暗だ。ようやく松山旅館にチェックインできたときには、約束の到着時間を少し過ぎてしまっていただろうか。宿泊客はわたし一人だけで、ご主人と奥さんはたいそう心配して待ちわびた様子だったけれど、大歓迎してくれた。一階の突き当たりにある小さな部屋へ案内してもらい、沸いたばかりのお風呂に入ったあと、旅の疲れとお酒のせいか、すぐに眠りこけてしまった。

翌朝、ご主人が声をかけてくれる。

「今日は出かける予定があって酒田の街を案内できないけど、もし良かったらそれまでの時間お話ししましょう。」

ほんの束の間ではあったけれど、出された煎餅をほおばりつつ、松山旅館の建物や酒田が栄えた頃の話などを聞かせてもらった。

この旅を思い返すとき、遊廓建築で一晩を過ごした興奮はもちろんのことながら、何から何までお世話になった酒田の人々のことが浮かぶ。またゆっくりと再訪して歩いてみたい街だ。

二〇一六年訪問

◁松山旅館外観。大通り沿いではあるものの、入口は少し奥まったところにある。

都心に佇む
端正な商人宿

「一楽旅館」
（広島県広島市中区）

四国に住む友人と、現地で待ち合わせて一泊二日の広島旅行をすることになった。宿を決める段階で、わたしは少し頭を悩ませていた。次に広島に泊まるときは絶対ここ！　と決めていたのが、広島東遊廓跡に残る一楽旅館。ひとりで泊まるなら何も問題はない。けれど、友人と一緒となるとどうだろう。特に女性にとっては好き嫌いが分かれそうな古い宿だから、提案

△ライトアップされ、昼とはまた違った良い雰囲気の夜の旅館内観。

するのも躊躇《ちゅうちょ》した。今回は諦めたほうがいいかもしれない。そうは思いつつも、彼女とは学生時代、一緒にヨーロッパの安宿に泊まって旅した仲。一抹の期待を込め、「こんなお宿もあるんやけど……。」と、おそるおそる提案してみた。すると、「元遊廓？　ええやん、楽しそう。」とのありがたい返事が返ってきた。こうして、念願だった一楽旅館への初めての宿泊が叶ったのだった。

広島市内には西遊廓、東遊廓のふたつがあった。現在ホテル街になっているという舟入町にあったのが西遊廓。今回訪れた東遊廓跡は、当時下柳町と呼ばれた場所にあり、現在の大歓楽街である薬研堀、銀山町にまたがったあたりを

▽歓楽街にほど近く、ストリップの広島第一劇場へも徒歩数分。

△小さな階段の踊り場から一階、二階を見る。

△二階吹抜けを囲うように部屋が並ぶ。

△中庭の池を挟んで玄関を見る。

△二階から池を見下ろす。トップライトから光が燦々と差し込む。

指す。隣接する弥生町、そして一楽旅館が建つ西平塚町も含まれた。

広島駅で友人と落ち合い、市内観光をしつつ、チェックインのため満を持して一楽旅館へと向かった。広島在住の友人にここへ泊まるのだと言うと、夜歩くのは気をつけたほうがいいと言う。昼間はそんな風には感じなかったけれど、夜になって歩いてみると、辻ごとに女性たちが立っているのが目に入った。実質、遊廓は形を変えて残っているということだろうか。

このあたりの建物は、かなり年季が入っている。戦後間もなく建てられたものだろう。一楽旅館も昭和二十五年に建築されている。旅館としての営業は、売春防止法が施行された昭和三十三年からだそうだ。宿の外観は小綺麗に改装されていたものの、遊廓の歴史を物語る飾り窓は健在。いざ中に入ってみると、目の前には小さな錦鯉たちが泳ぐ池が現れ、その吹抜けを囲むように小部屋が並んでいる。外からはとても想像できなかった、小さいながらも開放感がある空間が広がっていた。建物内にも至るところに、瓢や扇や宝船をモチーフとした飾り窓があった。階段や各部屋へのアプローチも、さすが遊廓建築と唸らせる遊び心が感じられた。

用意してもらった部屋は二階だった。二人分の布団を敷いたらいっぱいになるほどの小さな部屋に旅行鞄を置き、友人と「わあ、すごい！」「これかわいい！」などと口々に言いながら、建物内を見学させてもらう。友人も同じようにこの空間に興奮しているのがわかって、ほっとすると同時に、嬉しかった。天井から降り注ぐように明かりが入ってきて、気持ち良い。豪華絢爛ではないものの、なんて端正で美しい建物だろう。手入れも行き届いていて、愛情を持って大事にされているのがよくわかる。

再び街へと繰り出す前に玄関で若女将さんと立ち話をしていると、これから池の鯉に餌をやるのでご一緒にどうですか、というお誘いをいただいた。撒いた餌に錦鯉たちが寄ってくる。その姿をじっと眺めていると、ふと、遊廓があった時代を生きた人たちと心を通わせることができたような気がした。この瞬間こそが、遊廓建築を訪ねる醍醐味だ。この瞬間を感じることができるかぎり、わたしはこれからもずっと、遊廓めぐりを続けていくことだろう。

二〇一四年訪問

△一楽旅館外観。大きなマンションが背後に迫る。

△各部屋へのアプローチがその先に広がる空間への期待を高める。

△部屋からの景色は、駐車場と錆びたトタンだった。

△館内に惜しみなく施された飾り窓の数々。

娼婦たちのおしゃれ事情

——映画『赤線地帯』にみる

古い日本映画、特に一九五〇年代から一九六〇年代の、溝口健二監督や増村保造監督がメガホンを取った作品と、その時代の大映女優さんたちが大好きです。「一番好きな映画は？」と聞かれて挙げるのが、一九五六年に公開された溝口健二監督作品『赤線地帯』。売春防止法制定直前の吉原を舞台に、特殊飲食店（いわゆる赤線）「夢の里」で働く娼婦たちの生きざまを描いたドラマです。売春防止法は幾度も機運が高まっては廃案を繰り返し、ついに可決されたのが一九五六年。まさにその渦中にありながら撮影された映画で、フィクションとはいえ、いくらかのリアリティを持って当時の様子を窺い知ることができる作品です。

当時のお店のつくり、娼婦たちや赤線を取り巻く人々の暮らし、見どころはたくさんありますが、ここでは、個性溢れる「夢の里」の娼婦たち五人のファッションに注目してみました。

ミッキー（京マチ子）

神戸から吉原にやって来たアプレ派のお嬢さん。メリハリボディを活かした洋装がよく似合う。オーバーサイズや異素材ミックス、柄on柄も堂々と着こなすおしゃれ上級者。ダウンヘア、巻き髪、ポニーテールなど、髪型のバリエーションも多い。次のシーンでどんなファッションを見せてくれるのか、いつも楽しみ。京マチ子はまさにはまり役。

やすみ（若尾文子）

客をその気にさせてお金を巻き上げる「夢の里」のナンバーワン。とにかく若尾文子のあざとかわいさに目がいってしまう。このひとはやっぱり和装が似合うが、合わせたアクセサリーやアップにした髪は若々しく華があり「夜の女」らしさが出ている。客とその夫人に偶然出くわすシーンでは、かっちり決めたモノトーンコーデに素足と草履という出で立ち。「ずいぶん粋なひとね。」との夫人の言葉通り、そのセンスには脱帽。

ハナエ（木暮実千代）

病気の夫と幼子を自宅に残し、通いで店にやってくる。出勤時は至って地味なスタイルで、心身ともに疲れ果て消え入りそうな様子。「夢の里」のお母さんには、売り物なのだからあんまり所帯じみるなと叱られる。ところがどっこい、髪を整え和服に着替えて店に出ると一変。やはり木暮実千代、大人の色気がすごい。眼鏡もその色気に一役買っている。

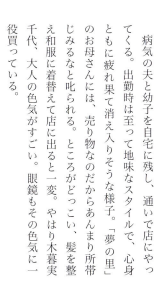

ゆめ子（三益愛子）

より江（町田博子）

仕事時はいつも髪に着けている鹿の子の髪飾りが年齢に似つかわしくなく、メイクも無理して若づくりしている印象が強い。息子と会う際にはさすがに落ち着いたファッションで、やっぱり年相応で似合っていて良い。和装の首元に巻いたスカーフもどことなくおしゃれ。

庶民的な主婦に憧れる彼女、頭に手ぬぐいを巻いて食事をする姿もかなり庶民的。仕事に出ているときの洋服も、「特飲の女」にしては地味な印象。他の娼婦たちは仕事着のままで外に出ると視線を浴びそうだが、彼女だけはこのままでも十分馴染みそうなファッションだ。

おわりに

丸亀、新堀遊廓跡の「春駒」が解体される姿。先日、ＳＮＳに上がった写真を見て、唖然としました。いつ取り壊されてもおかしくない。頭ではわかっていたつもりでも、いざ、思い入れのある建物がその姿を消してゆく光景を目の当たりにするのは、寂しくて、悲しくて、とてもやるせないものでした。「長い間お疲れさまでした。」最後の姿を写した写真に向かって、心の中で手を合わせました。

とても好きだった建物が取り壊されてしまうのは、今回がはじめてのことではありません。しかし、「春駒」との突然のお別れは、これまで残ってきた遊廓建築が平成の終わりとともに、いよいよ終末へ向かっていることを知らしめる決定打のように思われました。売春防止法の完全施行から六十年が経ち、遊廓の記憶は、残そうと強く意識しないかぎり、薄れてゆくばかりでしょう。これまで街歩きを中心としてきたわたしと遊廓との関わり方も、きっと今後は変わっていくだろうし、変えていかざるをえないとも感じています。

そのようなタイミングで、街を歩いて辿った遊廓の記憶を一冊の本として残せる機会を頂いたことは、本当にありがたいことでした。本書に収録したものは、全国に残る遊廓、赤線跡のほんの一部にすぎませんが、これまで訪れたなかでも特に印象的だった街の一面を、わたしなりに描き出しました。なかには、訪問してからずいぶん時間が経ってしまった場所もあります。フレッシュとは言い難いかもしれませんが、それぞれの街に漂っていた遊廓の残り香を、この一冊を通して、みなさんと共有できたならば幸いです。

二〇一八年　秋

主な参考文献

<図書>

西羅日出男『篠山案内記』1916年

『全国遊廓案内』日本遊覧社、1930年

『丸亀商工案内』丸亀商工会議所、1938年

『花柳病諸統計　昭和12年12月』群馬県警察部衛生課、1938年

渡辺寛『全国女性街ガイド』季節風書店、1955年〈カストリ出版、2014年復刻版〉

郡山町史編纂委員会『郡山町史』奈良県郡山町、1953年

気仙沼町誌編纂委員会『気仙沼町史』気仙沼町、1953年

田中緑紅『亡くなった京の廓　下』京を語る会、1958年

矢富熊一郎『益田市史』益田郷土史矢富会、1963年

根岸省三『高崎のサービス業と花街史』高崎市社会教育振興会、1967年

宮本常一『私の日本地図６（瀬戸内海　第２　芸予の海）』同友館、1969年

土佐文雄『得月楼今昔』高知新聞社、1970年

碧南市史編纂委員会『碧南市史　第3巻』碧南市、1974年

粟津潔、井伊多郎、穂坂久仁雄『阿部定：昭和11年の女』田畑書店、1976年

三原市役所『三原市史　第７巻（民俗編）』三原市、1979年

武生風土記編さん委員会『武生風土記　続編』武生市文化協議会、1979年

忍甲一『近代広島・尾道遊廓志稿』日本火炎資料出版、2000年

高知市史編さん委員会民俗部会『地方都市の暮らしとしあわせ（高知市史；民俗編）』
高知市、2014年

<雑誌記事>

佐倉真十郎「奈良「宝山寺」門前町のうら若き〝生き仏さま〟」『現代』1971年10月号

栗原良浩「遠洋漁業の町「気仙沼」の人妻ホステス」同前

<新聞記事>

高橋雪花「遊廓の面影　軍都の記憶」『中日新聞（豊田版）』2018年1月28日朝刊

<ブログ>

『しょっぱい営業がカメラを構える！』「崖上のダンスホールと王将飲食街　気仙沼再訪記」
http://harubasha.blog.fc2.com/

遊《ゆう》廓《かく》へ　女子《じょし》ひとりで街歩《まちある》き

2018年12月10日　第1刷発行

著　者　花房《はなふさ》ゆい

発行者　富澤凡子

発行所　柏書房株式会社
東京都文京区本郷2-15-13（〒113-0033）
電話（03）3830-1891［営業］
（03）3830-1894［編集］

装丁　齋藤友貴（ISSHIKI）

組版　ISSHIKI

印刷・製本　中央精版印刷株式会社

ISBN978-4-7601-5066-3

著者
花房ゆい（はなふさ・ゆい）
遊廓愛好家。週末は全国の遊廓、赤線跡をはじめ、純喫茶やストリップ劇場など、消えゆく昭和遺産を愛でる旅に出る。ご当地キャラクターに会いに行くこともしばしば。故郷である島根県石見地方の遊里史を研究中。

私鉄郊外の誕生

片木篤［編］　A5判並製　296頁　3,400円

東急、小田急、京王、西武、東武、京成、京急、東京メトロ、都営地下鉄、近鉄、名鉄、名古屋市営地下鉄、阪急、京阪、南海、阪神、大阪市営地下鉄、山陽電鉄、西鉄。近代日本の都市「郊外」は「私鉄」によってつくられた！　沿線図・路線図、充実の索引でその特質が一挙にわかる。オールカラー！

昭和「娯楽の殿堂」の時代

三浦展　A5判並製　192頁　1,900円

巨大温泉、大劇場、噴水キャバレー、ボウリング場、総合レジャービル…。街もビルも今までにないものをゼロからつくってしまう。人々はものすごい勢いで集い、騒ぎ、汗を流し、酒を飲み、笑う。そんなパワフルな昭和の「娯楽」の時代をひもときながら、「娯楽の場」としての都市を考察する。

〈価格税別〉